劳动育人模式创新路径研究

王 英 邹 伟 著

吉林出版集团股份有限公司 | 全国百佳图书出版单位

图书在版编目（CIP）数据

劳动育人模式创新路径研究 / 王英,邹伟著. -- 长春 : 吉林出版集团股份有限公司, 2023.10

ISBN 978-7-5534-9200-1

Ⅰ.①劳… Ⅱ.①王… ②邹… Ⅲ.①劳动教育—教学研究—中学 Ⅳ.①G633.932

中国国家版本馆CIP数据核字(2023)第206689号

劳动育人模式创新路径研究

LAODONG YUREN MOSHI CHUANGXIN LUJING YANJIU

著　者　王　英　邹　伟
责任编辑　刘东禹
助理编辑　米庆丰
装帧设计　牧野春晖
开　　本　710mm×1000mm　1/16
印　　张　11
字　　数　205千字
版　　次　2024年3月第1版
印　　次　2024年3月第1次印刷

出　　版　吉林出版集团股份有限公司
发　　行　吉林音像出版社有限责任公司
　　　　　（吉林省长春市南关区福祉大路5788号）
电　　话　0431-81629667
印　　刷　吉林省信诚印刷有限公司

ISBN 978-7-5534-9200-1　　定　价　79.00元

如发现印装质量问题，影响阅读，请与出版社联系调换。

前　　言

　　劳动育人模式是指通过劳动实践与教育相结合的方式，培养学生综合素质和实践能力的教育模式。随着社会的发展和教育理念的变革，劳动育人模式的创新成为教育领域的研究重点。通过劳动育人模式的创新路径研究，可以促进学生的实践能力、创新思维和团队合作能力的培养。同时，也可以提高学生对劳动价值和社会责任的认识，培养学生的职业素养和社会适应能力。

　　本书以"劳动育人模式创新路径研究"为主题，基于高校大学生视角，以介绍劳动与劳动教育的意义、劳动教育的目的与原则、功能及结构作为切入点；首先对劳动观念教育、劳动知识教育、劳动实践教育、劳动技能教育、创造性劳动教育进行叙述；其次具体阐释劳动精神及其教育原理、教育目的、原则和内容，劳动精神育人的实践路径；再次讨论劳动模范精神的引领价值、弘扬机制和培育路径；然后对工匠精神培育及其价值意蕴、新时期工匠精神的多重维度、实践路径展开叙述；最后对工艺要素融入劳动教育的价值辨析、公益性劳动素养及其教育实践模式、公益性劳动教育模式的评价分析进行研究。

　　本书从多个角度切入主题，详略得当，结构布局合理、严谨，语言准确，在有限的篇幅内，做到概念清晰准确、文字通顺简练，形成一个完整的、循序渐进、便于阅读与研究的内容组织体系。

　　本书的付梓得到了许多专家学者的帮助和指导，在此表示诚挚的谢意。由于笔者水平有限，加之时间仓促，书中所涉及的内容难免有疏漏与不够严谨之处，希望各位读者多提宝贵意见，以待进一步修改，使之更加完善。

著　者

目　　录

第一章　劳动与劳动教育概论

第一节　劳动与劳动教育的意义

劳动是人类社会存在和发展的基础，是人维持自我生存和发展的重要手段。人类的劳动是体力与脑力的结合。随着生产力的发展和人们认识水平的提高，体力劳动和脑力劳动渐渐分离。但是，体力劳动和脑力劳动作为一个整体不可分割，二者只是分工不同，没有高低贵贱之分。

新时代，人类的劳动形态已经发生了巨大的变化。随着人工智能时代的到来，大部分可以自动化的机械性劳动都可以被替代。但是，在新时代，体力劳动仍然是不可或缺的，仍然是人们维持日常生活所必备的一种基本能力。

高等院校的学生应该把技能与劳动精神、工匠精神、劳模精神、职业精神相结合，社会实践与责任担当相结合，树立"大劳动观"，拓展劳动的广度与深度，重构个体与他人、社会与自然的关系，立志成长为一名爱劳动、会劳动、会感恩、会助人的德智体美劳全面发展的社会主义建设者和接班人。

一、劳动的概念和分类

劳动是人类社会生存和发展的基本条件，劳动在人类发展和进步过程中，起了决定性的作用。劳动是人类的本质特征，社会上一切的物质财富与精神财富都来源于劳动，从这个意义上来说，没有劳动就没有人类的生活。

（一）劳动的概念

劳动是人类社会中一项至关重要的活动，它涵盖了个体或集体通过付出体力、智力和技能以创造价值的各种努力。劳动既是一种生存手段，也是一种发展和实现自我价值的途径。

从人类历史的角度来看，劳动是人类生活的基础。从最早的集体狩猎到农耕社会、工业革命以及现代信息社会，劳动一直贯穿于各个时期。

劳动使人类能够获得生活所需的物质和资源，满足个体和社会的需求。

劳动不仅是为了满足物质上的需要，还具有重要的社会和心理层面的意义。通过劳动，人们建立起社会关系，形成互相依赖的关系网络。劳动使个体融入社会，参与社会分工，为社会的繁荣和发展做出贡献。

劳动还是实现个人自我价值的重要途径。通过劳动，人们能够发挥自己的才能和技能，不断提升自己的能力，并在工作中获得成就感和满足感。劳动可以激发人们的创造力和创新能力，推动社会的发展和进步。

随着科技的进步和社会的变革，劳动形式和方式也在不断演变。自动化和机械化的发展改变了许多传统的劳动方式，人们在劳动中的角色和任务也随之发生了巨大的变化。新兴产业和职业的出现，为人们提供了新的劳动机会和挑战。

劳动的意义和价值也受到了重新审视。在追求经济增长和物质财富的同时，人们开始重视工作的质量和意义。工作环境的舒适与安全、工作与生活的平衡、个人发展的空间等因素成为人们选择工作的考量因素。劳动不仅是为了生存，更是为了实现人们对幸福和自我价值的追求。

总的来说，劳动是人类社会不可或缺的一部分。它是个体和社会生活的基石，是实现个人和社会发展的重要途径。劳动不仅满足了物质需求，还赋予了人们社会关系、自我价值和成就感。随着社会的变革和科技的发展，劳动的形式和意义也在不断演变。无论形式如何改变，劳动的核心价值始终是为了人类社会的繁荣和人们的幸福。

（二）劳动的分类

劳动可以按照不同的标准进行分类，例如根据工作的性质和类型、行业领域、经济属性等。

第一，按照工作的性质和类型，劳动可以分为体力劳动和脑力劳动。体力劳动侧重于肌肉力量和体力耐力，如搬运工、建筑工人等。而脑力劳动则强调智力和思维能力，如科学家、工程师等。这两种类型的劳动在能力要求和工作方式上存在明显差异。

第二，按照行业领域，劳动可以分为农业劳动、工业劳动、服务业劳动等。农业劳动主要涉及农田耕种、养殖、渔业等与农业相关的工作。工业劳动则与制造业和生产过程有关，包括工厂工人、机械操作员等。服务业劳动则涵盖了医疗、教育、餐饮、旅游等各种提供服务的行业。

第三，按照劳动的经济属性，劳动可以分为有偿劳动和无偿劳动。有偿劳动是指通过工作获得报酬和收入的劳动形式，如职业工作、经商等。而无偿劳动则指为他人或社会无报酬地付出的劳动，如义工、家务劳动等。这种分类方式关注劳动的经济交换和价值认定。

第四，劳动还可以根据技能水平、合同形式、工作时间等进行分类。不同的分类方式反映了劳动的多样性和社会分工的复杂性。每种类型的劳动都有其独特的特点和意义，共同构成了社会的经济基础和运转机制。

无论劳动属于哪种分类，它都是社会发展和个体成长的重要组成部分。劳动不仅为人们提供生计和实现个人价值的机会，还推动着社会的进步和繁荣。在不断变化的时代背景下，对不同类型劳动的需求和认知也在不断变化，这为劳动者提供了更多选择和发展的空间。

二、劳动的作用和价值

劳动是创造物质世界和人类历史的根本动力，是一切社会财富的源泉，按劳分配是合乎正义的分配原则。劳动价值是由人类自身机体所产生的，是人的劳动能力的价值体现，是由人在劳动过程中所释放出来的。

(一) 劳动的作用

1. 劳动推动了人类发展

劳动是人类文明的基石，自人类诞生以来，劳动一直是人们生存和发展的关键。通过劳动，人类能够改造自然、创造价值，并不断推动社会的发展。

劳动创造了人类的物质生活。从最早的原始社会到现代社会，人们通过劳动获得了食物、衣物、住房和各种生活必需品。农耕劳动使人类能够从自然界中获得丰富的农产品，工业劳动则将原材料转化为各种制成品，满足了人们多样化的需求。

劳动也创造了人类的知识和智慧。通过劳动，人们不断探索和发现自然界的规律和秘密。科学家、研究者和发明家通过劳动，推动了科学技术的进步和创新。劳动激发了人们的创造力和想象力，使人类能够创造出艺术、文学、音乐等各种形式的文化遗产。劳动还培养了人类的智力和技能，使个体能够通过学习和实践不断得到提升。

劳动创造了人类的社会联系和团结。人们通过劳动建立起了紧密的社会关系和合作网络。劳动使个体融入社会，参与社会分工，相互依赖和合作。劳动促进了交流和沟通，增进了人们之间的理解和共识。劳动不仅在物质层面上连接着人们，还在精神和情感层面上形成了紧密的联系，形成了家庭、社群和社会的纽带。

劳动创造了人类的自我实现和成就感。通过劳动，个体能够发挥自己的能力和才华，实现自己的价值和潜力。劳动使人们体验到工作的成就感和满足感，从而提高个体的自尊和自信。劳动是个体成长和发展的途径，通过不断的努力和进步，人们能够实现自己的目标和梦想。

劳动是人类文明的根基和动力。劳动创造了人类的物质生活、知识智慧、社会联系和自我实现。无论是体力劳动还是脑力劳动，每一种劳动都有其重要的价值和意义。人类社会离不开劳动，而劳动也成就了人类的辉煌和进步。因此，我们应该珍视劳动，尊重劳动者的付出和贡献，并致力于创造一个更加公正、平等和有尊严的劳动环境和社会。

2. 劳动开发了思维

人类的思维活动离不开实践活动，而智力的核心是思维能力。实践活动既有学习活动，又有创造活动，而劳动兼有学习与创造这两个功能。例如，在劳动过程中，学生往往会遇到课堂上、书本里没有的问题，这就会引起大脑思维的需要，学生就要对劳动的结果有所预想，就要设计达到目的的过程。

当学生克服了劳动中的困难，解决了劳动中的问题，看到了自己的劳动成果，便会获得成功的喜悦，这将进一步激发他们的求知欲，提高学习兴趣，促进智力发展。劳动对学生的智力发展具有积极的促进作用。

在劳动中，学生需要不断地思考、分析和创新。他们需要将抽象的知识与具体的实践相结合，通过实践来验证和巩固自己所学的知识。通过劳动，学生可以将课堂上学到的理论知识应用到实际问题中，培养解决问题的能力和创新思维。例如，在进行科学实验时，学生需要设计实验方案、收集数据、分析结果，并得出结论。这个过程需要他们运用自己的思维能力，进行逻辑推理和判断，培养了他们的科学思维和实践能力。

3. 劳动培养吃苦耐劳精神

劳动是人类社会中不可或缺的一部分。通过劳动，我们不仅可以创造物质财富，还可以培养各种重要的品质和价值观。其中，吃苦耐劳精神是劳动所带来的重要收获之一。

劳动不仅是一种生活体验，也是锻炼学生动手能力、社会实践能力的重要途径，更是培养我们尊重劳动、勤俭节约、劳动光荣等价值观的重要方式。因此，大学生在学校里就应多参与一些力所能及的劳动，在活动中要能吃苦，勇于自我挑战，使自己敢于吃苦、乐于吃苦，从而培养吃苦耐劳的劳动精神。随着社会的进步、科学的发展，大学生在未来社会所从事的劳动越来越依靠智力而不只是体力。

第一，劳动教育培养吃苦耐劳精神。我们通过参与各种劳动活动，无论是体力劳动还是脑力劳动，都会面临各种挑战和困难。例如，在体力劳动中，我们可能需要承受重物的负重和长时间的工作。在脑力劳动中，我们需要处理复杂的问题和应对各方面的压力。这些困难和挑战需要我们具备吃苦耐劳的品质，才能坚持下去并取得成果。

第二，劳动培养了毅力和韧性。在劳动中，我们往往需要长时间的投入和持续的努力。有时候，我们可能会遇到失败和挫折，但正是通过这些挫折和失败，我们能够学会如何坚持和适应。劳动教会我们不怕困难，勇于面对挑战，并迎接新的机遇。这种坚持不懈的精神将伴随我们一生，并对我们的人生和事业产生深远的影响。

第三，劳动培养了团队合作精神。在许多劳动场所，团队合作是必不可少的。通过与他人共同劳动，我们学会了如何与他人相互配合、协调工作、解决问题。这种团队合作精神培养了我们的社交能力和沟通能力，并帮助我们建立良好的人际关系。在团队中，我们也能够学习到其他人的经验和知识，相互激励和成长。

第四，劳动还可以培养责任心和自律性。在劳动中，我们需要遵守工作纪律和规定，履行我们的职责。我们必须按时完成任务，保持高效率和高质量。这种责任心和自律性是培养吃苦耐劳精神的重要方面。只有通过自律和坚持，我们才能真正发挥出我们的潜力，并取得好的成绩。

第五，吃苦耐劳精神对于个人的成长和社会的发展都至关重要。在个人层面上，吃苦耐劳精神可以培养勇气和决心，让我们更有信心面对困难和挑战。在社会层面上，吃苦耐劳的人才是社会进步和发展的源泉。只有具备吃苦耐劳精神的人才能在激烈的竞争中脱颖而出，为社会的发展做出积极的贡献。

劳动是培养吃苦耐劳精神的重要途径。通过劳动，我们能够培养毅力和韧性，培养团队合作精神，培养责任心和自律性。吃苦耐劳精神对于个人的成长和社会的发展都具有重要意义。

因此，我们应该珍视劳动的机会，努力发展吃苦耐劳的品质，为自己和社会创造更美好的未来。

4. 劳动培养责任意识

责任意识是劳动所带来的重要收获之一。劳动是衡量一个人综合素质的最终形式。通过劳动教育，人的道德、知识、能力、素质可以得到全面、综合地提升和展示。劳动教育有助于培养大学生独立自主的生活生存能力，有助于增强大学生的公民意识和社会责任感。国内外大量的调查研究证明，从小养成劳动习惯，长大后更可能具有责任心，也更容易适应家庭生活和职场工作的需要，而不爱劳动的人恰恰相反，他们更容易成为生活与职场中的失败者。

劳动教育是培养责任意识的有效途径之一。通过参与各种劳动，我们需要承担起自己的工作责任。无论是体力劳动还是脑力劳动，我们必须认真对待每一个任务，按时完成，并保证质量。劳动教育让我们认识到自己在团队和社会中的重要性，激发我们的责任心。只有履行好自己的职责，我们才能为团队和社会的发展做出积极的贡献。

劳动培养了我们的自我约束和自律性。在劳动中，我们需要遵守工作纪律和规定，遵守工作流程和安全规范。我们必须严格要求自己，保持高效率和高质量的工作。这种自我约束和自律性是培养责任意识的重要基础。通过劳动，我们学会了管理时间、合理安排任务，并且始终保持专注和投入。这样的自律性不仅在劳动中有所体现，也会渗透到生活的方方面面，使我们能够更好地履行各种责任。

劳动培养了我们的团队合作意识。在许多劳动场所，团队合作是必不可少的。通过与他人共同劳动，我们学会了如何与他人相互配合、协调工作、解决问题。我们需要关注团队目标，积极参与讨论和协商，做出符合整体利益的决策。这样的团队合作意识让我们意识到自己的责任不仅仅是个人的责任，更是与他人共同成就的责任。我们学会了在团队中承担责任，并为团队的成功负起一定的责任。

劳动还培养了我们解决问题的能力和适应能力。在劳动中，我们会遇到各种挑战和困难。这些问题可能涉及工作技巧、人际关系、资源管理等方面。通过劳动，我们学会了面对问题，找到解决问题的方法，并勇于承担起解决问题的责任。同时，劳动也让我们面对各种变化和挑战，培养了我们的适应能力。我们学会了灵活应对不同的情况和环境，为实现工作目标贡献自己的力量。

责任意识对于个人的成长和社会的发展都具有重要意义。在个人层面上，责任意识让我们明白到自己的行动和决策对他人和社会都有影响。我们学会了对自己的行为负责，承担起应尽的义务。在社会层面上，责任意识是社会稳定和谐发展的基石。只有每个人都能够履行好自己的责任，社会才能够正常运转，实现共同进步。

5．劳动培养劳动价值观

思想决定行动，树立什么样的劳动价值观很重要，这将直接影响人们对劳动的态度和行为。教育的本质是培养人，从人的发展视角来看，其根本目的就是全面提高劳动者的素质，为了实现这一目的，每个人必须抛弃轻视劳动教育的观念，把劳动教育提高到全面贯彻教育方针的高度来认识。劳动教育是德育、技术意识、创新意识和文明意识是相互作用和统一的一门课程，它具有其他学科不可替代的育人功能。新时代劳动教育是中国特色社会主义制度的重要内容，直接决定大学生作为社会主义建设者和接班人的劳动精神面貌、劳动价值取向和劳动技能水平。因此，要重视大学生的劳动教育，树立正确的劳动观，以劳动为荣，把劳动当作一种乐趣融入物质和精神生活之中。

6．劳动是个人和家庭幸福的源泉

幸福是个人由于理想的实现或接近而引起的一种内心满足。追求幸福是人们的普遍愿望。幸福不仅包括物质生活，也包括精神生活；幸福不仅来自于享受，也来自于劳动和创造。在科学技术日新月异的今天，大学生必须具备多方面、多层次的劳动能力和勤奋工作的态度。不论将来从事什么工作，我们都需要有动手的技能和技巧，这与知识的掌握既有联系又有区别。如果大学生在成长过程中就珍惜动手机会，有意识地培养和训练自己的动手、动脑能力来解决生活中的问题，久而久之，就会使自己形成动手、动脑的好习惯，在未来社会中便能很好地适应生活和工作的需要。劳动是财富的源泉，也是幸福的源泉。人世间的美好梦想，只有通过辛勤劳动、诚实劳动和创造性劳动才能实现；发展中的各种难题，只有通过劳动才能破解；生命里的一切辉煌，只有通过辛勤劳动、诚实劳动和创造性劳动才能铸就。

（二）劳动的价值

劳动创造了人，发展了人，人类在劳动中实现了从"自然人"到"社会人"的转变。教育是培养人的活动，产生于人类生产劳动过程中，为促进人的发展和社会的进步而存在。新时代劳动教育既具有核心而重要的育人价值，又具有特别的社会价值。加强劳动教育，既是大学生健康成长、实现德智体美劳全面发展的内在需要，也是培养促进社会发展进步的高素质劳动人才的时代需要。

1. 社会价值

大学生作为祖国未来社会主义事业建设的新生后备力量，肩负着光荣的使命，被社会寄予厚望。加强大学生劳动教育，有助于传承中华民族勤劳的传统美德，营造尊崇劳动的社会氛围和精益求精的敬业风气，培养具有实干精神的新时代劳动者，为中国梦的实现凝聚多方面的强大正能量。

传承中华民族勤劳的传统美德，兴家靠勤劳，富国靠勤劳，勤劳是中华民族宝贵的精神品格。中华儿女一直秉承着热爱劳动的美德，爱劳动是中华儿女永恒的传统。国家的富强繁荣，社会的发展进步，人民的幸福生活，无一不是人民用勤劳的双手创造出来的。

回顾中华民族悠久历史，我们可以清晰地看到，中华儿女用勤劳缔造了璀璨绚烂的中华史，铸就了光辉斑斓的华夏文明。伟大的先辈们用勤劳耕作，用劳动智慧与自然抗争，大禹治水、神农尝百草、愚公移山等故事，都反映了先辈们用勤劳勇敢的劳动精神去抗争命运。

农耕社会的艰辛劳动培养了先民们自强不息、开拓进取的精神，创造了无数精美绝伦的不朽工艺品，给我们留下了宝贵的物质财富和精神财富。劳动虽然艰辛不易，但先辈们却积极地投身于劳动，用辛勤劳动换取丰收的果实，用智慧创造辉煌的劳动成果。今天我们对成长于物质富裕时代的大学生进行劳动教育，有助于培养他们热爱劳动的真挚情感、辛勤劳动的美好品德，自觉将中华民族勤劳的传统美德传承下去，从而为培养新时代高素质劳动者提供道德力量的支撑。

2. 营造尊崇劳动的社会氛围和精益求精的敬业风气

要让每一位劳动者饱含劳动热情和劳动精神，积极投身到社会主义现代化强国的建设中去，就必须在全社会形成尊崇劳动、奋斗幸福的良好社会风尚，让每一位劳动者都能受到尊重、受到关怀，从而激发他们的劳动热情和劳动潜能，为社会发展提供精神支撑和人才保障。此外，中华民族的伟大复兴需要埋头苦干的劳动精神，在全社会形成精益求精的敬业风气，让每个人都受到中国精神的鼓舞，让每个人都爱上劳动，对劳动生活充满爱和感恩，使每个人都拥有充实的精神生活，让劳动的积极精神力量在全社会传播，推动社会稳定和谐向前发展。

加强大学生劳动教育，能让广大学生深刻认识劳动的价值，懂得劳动的伟大、劳动的光荣，学会尊重劳动、崇尚劳动，形成积极的劳动态度、强烈的劳动情感和深厚的劳动情怀，有助于广大大学生将劳模精神和工匠精神作为人生道路上奋力拼搏、勇敢前行的精神财富和精神动力，使其懂得热爱每一份职业，对待工作能做到勤勤恳恳、踔厉奋发，由此带动全社会形成劳动光荣、劳动幸福的文明风尚，带动所有劳动者形成精益求精的敬业风气，从而用全社会劳动者的辛勤劳动托起中国梦。

3．培养具有实干精神的新时代劳动者

时代更迭，科技日新月异，智慧劳动、数字劳动、科技劳动、新兴服务劳动等新劳动形态不断涌现，新行业、新职业也由此应运而生。未来的盛世中华需要各行各业的新时代劳动者一起创造，无论是传统劳动，还是新型劳动，都需要劳动者在其岗位上兢兢业业地实干，而劳动教育则是培养具有勤劳实干精神的新时代劳动者的重要举措。

全体劳动者唯有真干、实干才能实现中国强起来、富起来的伟大目标。每个人都应秉持实干的劳动精神，成为具有实干精神的劳动者，用脚踏实地的辛勤劳动，创造美满的幸福生活。正是因为广大中华儿女在脱贫攻坚战中的勤劳实干和辛劳奋斗，我国的脱贫攻坚事业才能取得巨大成就。

强化青年学生投入劳动，有助于纠正青年学生投机取巧走捷径、妄想暴富的错误思想，使其明白幸福生活、美好未来需要一点一滴地勤劳苦干、真才实干，懂得将自己远大的理想抱负落实在行动上，用自己的学识本领不懈奋斗，争做实干家、争做时代榜样，进而凝聚更多的人用实干精神和奋斗精神，为国家繁荣、民族复兴、社会进步砥砺奋进。

教育的本质是培养人格健全和全面发展的人，而劳动教育则是人格教育的重要部分。劳动教育由于其独特的育人价值成为我国教育体系的重要组成部分，是德智体美融入实践的重要连接纽带。如果说德育重在教人向善，智育重在教人求真，体育重在教人健体，美育重在教人审美，那么劳动所具有的育心育身的价值，则能帮助学生完善道德、发展智力、磨炼意志、提高审美、升华情感。所以，加强劳动教育既是大学生实现自由全面和谐发展和实现人生价值的内在需要，也是大学生成为未来社会主义现代化强国建设的有理想、有才干、有本领的高素质劳动者的时代诉求。

劳动教育可以加强大学生道德修养。道德教育是社会主义教育的重中

之重，是精神、信仰、理想的教育，以培养学生的民族精神、高尚道德、理想信念等为根本目标。

哲学家特别强调劳动实践与理论教育的结合，重视知行统一对劳动者良好道德形成的积极意义，他认为劳动有助于劳动者养成做事、勤劳的习惯和需要，树立正确的劳动态度，形成对自然和世界的正确认识，并在同他人的劳动交往中，加强组织纪律观念，养成合作精神。

三、劳动的指标和特性

（一）劳动的指标

劳动指标是用劳动单位计量的总量指标。劳动单位是用一定时间完成的一定工作量或用一个劳动力工作一定时间作计量单位。劳动指标也具有一定的综合能力。这些指标在不同的领域和行业中可能会有所差异，但它们都旨在提供一个可衡量和比较的标准，以评估劳动力的工作表现和生产效果。

一个重要的劳动指标是产量。产量指标用于衡量单位时间内完成的工作量或生产的产品数量。通过追踪和比较产量数据，企业可以评估生产效率的高低，以及劳动力的工作绩效。

另一个关键的指标是效率。效率指标衡量在完成特定任务或工作时所需的资源和时间的比例。高效率意味着以更少的资源和时间完成更多的工作，从而提高生产效率和效益。

劳动的质量也是一个重要的衡量指标。质量指标用于评估生产的产品或提供服务的质量水平。这可以包括产品符合标准的比例、客户满意度等方面。通过关注和改善质量指标，企业可以提高产品的竞争力和顾客满意度。

生产成本是另一个关键的劳动指标。生产成本指标衡量完成一定数量的工作或生产所需的成本。这些成本可以包括人力成本、原材料成本、设备维护成本等。通过监控和管理生产成本，企业可以控制成本，提高生产效率和利润率。

劳动力利用率是衡量单位时间内劳动力参与工作的比例的指标。它反映了劳动力的利用效率和工作时间的合理安排。高劳动力利用率可以提高生产效率和工作绩效。

此外，缺勤率也是一个重要的劳动指标。缺勤率指标衡量单位时间内劳动力未能按时出勤或未能参与工作的比例。通过管理和降低缺勤率，企业可以提高工作纪律和员工工作积极性。

总量指标按计量单位的不同，分为实物指标、价值指标和劳动指标。例如，出勤工时、实际工时、定额工时等。

企业在运营管理中会制定比较完善的劳动评价指标体系，对劳动者的效率和质量进行衡量，判断劳动者创造的价值多少，以此作为劳动报酬水平。这些劳动指标可以帮助企业或组织评估和改进劳动力的表现、生产效率和工作质量，从而提高整体的业绩和竞争力。通过监控和分析这些指标，企业可以制定相应的策略和措施，以优化劳动力的利用、提高生产效率，并在市场中取得竞争优势。

（二）劳动的特性

劳动具有生产商品的具体劳动和抽象劳动的双重属性。具体劳动是指生产目的、劳动对象、所用工具、操作方法、生产结果都各不相同的劳动，具体劳动生产了商品的使用价值。抽象劳动是指无差别的一般人类劳动，抽象劳动生产商品的价值。具体劳动和抽象劳动是同一劳动过程形成的相互联系又对立的两个方面。具体劳动创造商品的使用价值，它反映人和自然的关系，是劳动的自然属性。抽象劳动创造商品的价值（交换价值），它是价值的实体，代表的是社会成员通过交换相互支配对方劳动的社会关系，即代表的是人支配人的行为（劳动）权力，而不是具体的财富（使用价值），体现了商品生产过程中，社会成员相互交换支配对方行为（劳动）的社会关系。抽象劳动的凝结，形成商品的价值。

自觉性、目的性和创造性是人类劳动的本质特征。第一，劳动是有明确目的地改造自然的自觉活动；第二，劳动必须创造并使用一定的物质手段，主要是劳动工具；第三，劳动的对象具有广泛性，是以人类自身为主体改造整个世界；第四，衡量人类劳动的尺度具有多维性，包括真理尺度、价值尺度和审美尺度，即真、善、美的统一。

四、劳动教育的意义

劳动教育关系到人的全面发展，关系到国家的未来，开展劳动教育是遵循马克思教育思想、构建高质量教育体系和高水平人才培养体系的必然要求。

（一）必然要求

第一，开展劳动教育是遵循马克思教育思想的必然要求。马克思提出了生产劳动与教育相结合的劳动教育思想，并将其确定为办好社会主义教育的一条重要原则。而且，这不同于普通的教育思想，马克思从唯物主义角度阐述了系统全面的劳动教育思想，把劳动教育提升到普遍规律的高度之上，强调人的解放需要开展劳动教育，从根本上明确了教育应当"为人、对人、靠人"。劳动教育的开展不可或缺。

第二，开展劳动教育是构建高质量教育体系和高水平人才培养体系的必然要求。我国高等院校肩负着培养社会主义事业建设者和接班人，造就无数高技术技能人才的重大任务，其培养的人才应该有正确的世界观、人生观和价值观以及正确的事业观、审美观和劳动观。

高等院校开展劳动教育，可以促进树德、增智、强体、育美，其中，劳动精神的培育是高等院校德育的重要内容。劳动科学和技能的教育是高等院校智育的重要内容，劳动能力的锻炼是高等院校体育的重要内容，劳动者对美的追求和创造是高等院校美育的重要内容。

加强劳动教育，倡导劳动最光荣、劳动最崇高、劳动最伟大、劳动最美丽的价值观念，将切实加强学生理想信念教育，使其崇尚劳动价值、追求劳动创造、尊重劳动主体，不断成长为有理想信念、有过硬本领、有责任担当的社会主义建设者和接班人，进一步营造劳动光荣的社会风尚和精益求精的敬业风气。

劳动教育应该独立成为完善人才培养目标、支持德智体美育的重要平台。可以说，加强高等院校劳动教育，是中国特色高等教育的显著特点，是扎根中国大地办高等院校的本质要求。

（二）客观需要

劳动教育是劳动和教育的有机结合，一方面发挥了劳动的效用，通过利用和总结实践经验实现了理论和实践相结合、知行合一，人们得以在实践中学习、在学习中实践；另一方面发挥了教育的效用，深化了学生对于劳动生产知识和技术的认识与理解，提高了学生的劳动实践能力以及分析和解决问题的水平。

只有加强劳动教育才能培养出一大批勤于劳动和善于劳动的人才，才能符合新时代教育发展的根本要求，因而成为实现个人梦想和国家梦想的一个重要选择。

贯彻落实党的教育方针，把"劳"作为培养目标之一，在高等院校开展多种形式的劳动教育，是当前社会的现实需要。

第二节　劳动教育的目的与原则

一、劳动教育的目的

要培养德智体美劳全面发展的社会主义建设者和接班人，要在学生中弘扬劳动精神，教育引导学生崇尚劳动、尊重劳动，懂得劳动最光荣、劳动最崇高、劳动最伟大、劳动最美丽的道理，长大后能够辛勤劳动、诚实劳动、创造性劳动。劳动教育的目的是培养学生全面发展，使他们在个人成长和社会发展中发挥积极作用。劳动教育旨在通过实践和劳动实践活动，使学生掌握实际技能和技术能力，培养劳动意识和价值观，发展创新思维和解决问题的能力，促进团队合作和沟通能力，以及培养责任感和自律能力。

（一）培养实践技能和技术能力

劳动教育的一个重要目的是培养学生的实践技能和技术能力。在劳动实践中，学生通过亲身参与各种实际操作和实践活动，如手工制作、农业种植、工业操作等，掌握和提高各种实际动手能力。这些实践技能和技术能力将为学生的职业发展奠定坚实基础。

在劳动教育中，学生将学习使用各种工具和设备，熟悉操作规程和安全措施，掌握基本的手工技艺和实际操作技能。例如，学生可以学习木工、电子、机械、焊接等技术，培养细致的观察力、灵巧的操作能力和问题解决的能力。通过实际操作的训练，学生能够逐步提高技术水平，掌握并应用各种实践技能。

此外，劳动教育也涉及农业方面的实践技能。学生可以学习农作物种植、养殖、园艺等农业技术，了解农业生产的基本原理和技术要求。通过参与农业实践，学生能够培养对自然环境的观察和理解能力，掌握农业生产的实际技能，如土壤管理、种植技术、农产品加工等。这些技能对于学生理解和尊重农业劳动的重要性具有重要意义。

劳动教育通过培养实践技能和技术能力，帮助学生建立实际动手能力的基础，为他们的职业发展提供有力支持。

（二）培养劳动意识和价值观

1. 强调劳动的尊严和价值

劳动教育是一种重要的教育形式，通过实践让学生亲身体验到劳动的过程和成果。学生亲自动手，参与工作，从中体会到工作的辛苦，通过这种方式培养了对劳动的尊重和理解。劳动教育不仅仅是一种教学手段，更是一种价值观的培养，它通过让学生亲身参与劳动，让他们认识到每个人的劳动都是社会发展和进步的重要贡献。

在劳动教育中，学生们通过亲自动手，可以体验到各种各样的工作。无论是农田里的耕种，工厂里的生产，还是家庭中的日常家务，这些活动都让学生深刻感受到劳动所带来的辛苦和付出。他们需要耗费体力和精力，在劳动中经历磨炼和挑战。然而，正是这些困难和挑战，让他们更加珍惜劳动的价值，让他们明白，劳动不仅仅是简单的付出和获得，更是一种精神的追求和人生态度。

通过劳动教育，学生也能够认识到劳动的社会意义。他们了解到每个人的劳动都是社会发展和进步的重要贡献。无论是生产者还是服务者，每个人的努力都构成了社会的基石。劳动教育使学生们明白，没有劳动就没有社会的繁荣和进步。

劳动教育还能够培养学生的动手能力和实践能力。通过亲身参与劳动，学生不仅仅是被动地接受知识，而是主动地运用知识和技能进行实践。他们需要动手解决问题，面对挑战，培养解决实际问题的能力。这种实践性的教育不仅提高了学生的动手能力，还锻炼了他们的创新思维和团队合作能力。

此外，劳动教育还能够培养学生的自我管理能力和责任意识。在劳动中，学生需要按时完成任务，保持工作的秩序和效率，这要求他们具备自我管理的能力。同时，他们还需要对自己的工作负责，确保工作的质量和效率，这能够培养他们的责任意识，提高他们自我的要求。

劳动教育也有助于学生形成良好的生活习惯和健康意识。通过参与各种劳动活动，学生会养成良好的生活习惯和卫生习惯。他们会意识到劳动对身体健康的重要性，从而培养其关注健康的意识和行为。

总而言之，劳动教育强调劳动的尊严和价值，通过实践让学生亲身体验到劳动的过程和成果。这种教育形式培养了学生对劳动的尊重和理解，使他们认识到每个人的劳动都是社会发展和进步的重要动力。同时，劳动教育也培养了学生的动手能力、实践能力、自我管理能力和责任意识，帮助他们形成良好的生活习惯和健康意识。劳动教育的价值在于培养学生全面发展所需的素质，为他们的未来发展打下坚实的基础。

2. 培养劳动乐趣和自觉性

培养劳动乐趣和自觉性是劳动教育的重要目标之一。通过提供有意义的实践活动，劳动教育可以激发学生对劳动的兴趣和热情，帮助他们逐渐培养出对劳动的乐趣和自觉性。这样的教育方式能够让学生在实践中获得成就感和满足感，同时也让他们意识到通过努力工作可以获得成果，并愿意主动参与劳动活动。

在劳动教育中，有意义的实践活动是关键。这些活动应该与学生的生活经验和兴趣相关，能够让他们亲身参与并感受到劳动的价值和意义。例如，学生可以参与校园园艺活动，种植和护理花草；参与社区服务项目，为弱势群体提供帮助；参与手工制作、家政等实践性的活动，培养实际操作能力。通过这些活动，学生能够亲身体验到劳动的过程，享受劳动成果，从而增加对劳动的兴趣和认同。

在实践活动中，学生获得成就感和满足感对于培养劳动乐趣和自觉性至关重要。教育者可以设定合适的目标和挑战，让学生在完成任务时感到自豪和满足。同时，及时的认可和肯定也是非常重要的，可以鼓励学生继续努力并相信自己的能力。

劳动教育还应该注重培养学生的自主性和责任感。学生需要意识到自己在劳动中的重要性和影响力，明白自己的劳动不仅是完成任务，更是对自己和他人负责的表现。教育者可以通过鼓励学生主动参与决策、安排和组织劳动活动，培养他们的领导能力和自主性。此外，教育者还可以引导学生思考劳动的意义和价值，让他们明白劳动是社会发展和个人成长的基础，从而激发他们劳动的自觉性和主动性。

3. 培养团队合作和责任感

劳动教育是培养学生劳动观念和价值观的重要途径之一，它涉及各种团队合作的活动，要求学生与他人紧密合作，共同完成任务。通过这个过程，学生可以学会互相协作、分享工作和责任，培养团队合作和责任感。同时，他们也能够认识到劳动不仅关乎个人，也关乎团队和社会的利益，从而形成对团队合作和社会责任的价值观。

在劳动教育的实践中，学生通常需要组成小组或团队，共同完成一项任务或项目。这个过程中，学生需要协调彼此的想法和行动，明确分工和责任，并积极地合作完成任务。通过与他人合作，学生能够互相倾听和尊重彼此的意见，学会有效地沟通和解决问题。他们会意识到每个人的贡献都是团队成功的一部分，因此会更加重视分享工作和责任。

团队合作不仅是完成任务的手段，更是培养学生团队合作和责任感的重要途径。在团队合作中，学生需要相互支持、相互信任，并尊重每个人的才能和贡献。通过共同努力，他们能够取得更好的成果，同时也能够培养其对团队合作的重视和对集体利益的关注。

劳动教育的目的是培养学生全面发展的能力，其中团队合作和责任感是重要的方面。通过团队合作的活动，学生能够锻炼自己的沟通、合作和解决问题的能力，培养团队合作和责任感。这些能力和价值观不仅在学校中有用，也会在今后的工作和生活中起到重要作用。

4. 培养节约和勤俭意识

劳动教育在培养学生的节约和勤俭意识方面发挥着重要的作用。通过实践活动，学生能够亲身体验到资源的有限性和珍贵性，从而培养出珍惜和节约资源的习惯。他们意识到勤俭节约不仅是一种美德，而且对个人、社会和环境都具有益处，因此形成了节约和勤俭的价值观。

通过参与各种劳动活动，学生能够切身感受到劳动的辛苦和付出的价值。在这个过程中，他们也会深刻认识到资源的稀缺性，明白资源是有限的，不可浪费。他们通过亲自动手，亲眼见证了劳动的成果，进而培养起珍惜和节约资源的观念。

在劳动实践中，学生不仅可以学到专业知识和技能，还能了解到社会的资源分配和利用问题。他们将学到的知识和技能应用于实际生活中，学会了如何在有限资源下进行合理分配和使用。他们明白，如果每个人都能够从小事做起，节约资源、勤俭节约，那么整个社会的资源利用效率将会得到提高，环境也会得到更好的保护。

节约和勤俭意识的培养不仅对个人有益，对社会和环境都有着重要的积极影响。对个人来说，节约意味着更好地管理和规划个人资源，能够更有效地利用有限的时间和金钱。勤俭意味着培养吃苦耐劳的品质，从而培养个人的毅力和奋斗精神。这些品质将使个人更有竞争力，在未来的学习和工作中取得更好的成就。

对于社会来说，节约和勤俭是一种宝贵的品质。当每个人都具备了节约和勤俭的意识，社会资源的浪费将会减少，资源的分配将更加公平合理。这将有助于缓解资源短缺问题，提高社会的可持续发展能力。此外，勤俭节约的品质还能够促进社会经济的繁荣和稳定，激发人们的创造力，培养人们的创新精神。

环境保护也是节约和勤俭的重要方面。当每个人都有节约资源的观念，能够减少浪费和污染，就能够有效地保护环境。通过减少能源消耗、垃圾产生和水资源浪费，我们可以共同建设一个更加美好的地球家园。学生通过实践体验，深刻认识到资源的有限性和环境的脆弱性，从而形成了保护环境的责任感和意识。

5. 培养自我管理和自主学习能力

劳动教育在学生中培养自我管理和自主学习能力方面具有重要作用。它不仅是教授学生如何完成具体的劳动任务，更是通过实践和体验，引导学生学会自我规划和组织劳动活动的能力。这种能力对学生的个人成长和发展具有深远的意义。

（1）劳动教育通过时间管理的实践让学生学会合理安排时间。在劳动活动中，学生需要根据任务的紧急程度和重要性来确定工作的优先级，并制定相应的时间计划。这要求学生具备对时间的敏感性和合理分配资源的能力。通过长期的实践，学生逐渐掌握了如何有效利用时间的技巧，从而使他们能够高效地完成任务，并更好地平衡学习与其他活动的关系。

（2）劳动教育培养了学生的任务分配能力。在团队劳动中，学生需要与他人合作，分工协作完成任务。这要求学生具备良好的沟通能力和团队合作精神。通过与他人合作解决问题和分配任务，学生学会了如何根据个人的特长和兴趣，将任务合理分配给团队成员，最大限度地发挥每个人的优势。这不仅培养了学生的责任心和协作能力，还提高了他们解决问题的能力和组织能力。

（3）劳动教育通过目标设定的实践培养了学生的自主学习能力。在劳动活动中，学生需要根据任务要求设定明确的目标，并制定相应的计划和策略来达到这些目标。这培养了学生的目标意识和追求卓越的精神。通过不断实践和反思，学生能够发现自身的不足并加以改进，逐渐提高自己的技能水平。这种自主学习的过程让学生体验到了自我成长和进步的喜悦，激发了他们学习知识和提高技能的内在动力。

（三）培养创新思维和解决问题的能力

1．培养创新思维

劳动教育提供了一个实践场所，让学生面对各种问题和挑战。在这个过程中，学生需要运用创新思维，思考并提出创新的解决方案。

学生需要充分发挥创新思维，提出独特的解决方案。学生可以从已有的知识和经验中获得启发，同时也需要勇于尝试新的想法和方法。这种创新思维的运用不仅有助于解决具体问题，还能培养学生的创新能力和团队合作精神。

劳动教育为学生提供了一个锻炼创新思维的实践平台。学生通过面对各种问题和挑战，并提出创新的解决方案，可以培养其独立思考的能力和解决问题的能力，为其未来的发展打下坚实的基础。

2．鼓励尝试和失败

劳动教育鼓励学生积极尝试新的方法和创意，并接受失败的可能性。这种教育理念培养了学生的勇气和毅力，使他们更有可能在未来的创新过程中持续尝试和改进。

尝试新的方法和创意是培养创造力和创新能力的重要一环。劳动教育提供了一个安全的环境，鼓励学生在实践中大胆尝试自己的想法，并提出独特的解决方案。

然而，劳动教育也认识到失败是成功之母的重要性。学生被鼓励接受失败，并从失败中吸取教训。他们学会从失败中分析原因，找到改进的方向。这种经验培养了学生的韧性和毅力，使他们能够在面对挫折时不气馁，继续努力追求创新。

鼓励尝试失败的劳动教育还培养了学生的自信心和自主性。学生学会相信自己的能力，敢于表达和实施自己的想法。他们在团队合作中互相支持和激励，形成了积极的学习氛围。这样的教育环境鼓励学生不断尝试，克服困难，并为未来的创新和发展奠定了坚实的基础。

3．跨学科整合

劳动教育促使学生将不同学科的知识和技能整合应用。学生需要将科学、数学、艺术等多个领域的知识结合起来，解决实际问题。这种跨学科的思维过程培养了学生的创新思维和综合能力。

在劳动教育中，学生常常面临复杂的问题和挑战，需要综合运用不同学科的知识和技能。例如，在设计和构建一个桥梁的任务中，学生需要了解物理学的力学原理，应用数学知识计算结构的稳定性，考虑材料的化学性质和工程力学的应用，甚至可能需要运用艺术和设计的原则来优化桥梁的外观。

这种跨学科整合的过程促使学生从多个角度思考问题，并找到创新的解决方案。学生不再将学科知识局限于各自独立的领域，而是将它们相互关联起来，形成更完整的认知。这种综合性的学习使学生能够看到问题的全貌，并培养了他们在不同学科之间灵活转换和应用知识的能力。

此外，跨学科整合也培养了学生的创新思维。当学生将不同学科的知识融合在一起时，他们会面临更复杂的问题和挑战，需要提出创新的解决方案。这要求学生能够跳出传统的思维模式，发散思考，将不同学科的概念和方法进行创造性组合。通过这样的思维过程，学生培养了创新能力和解决问题的能力。

4. 激发想象力和创造力

劳动教育提供了一个自由的环境，鼓励学生发挥想象力和创造力。通过设计和制作自己的作品，学生能够培养创新思维和独立思考的能力。

在劳动教育的实践过程中，学生通常有机会选择自己感兴趣的项目或任务，并在教师的指导下进行设计和制作。这种自由的环境激发了学生的想象力。学生不再局限于传统的思维模式，而是被鼓励提出新颖的创意和独特的解决方案。他们可以尝试各种可能性，探索不同的设计思路，从而培养其丰富的想象力。

此外，劳动教育还注重培养学生的创造力。学生通过实际操作和实践经验，学会将自己的创意转化为现实。他们在设计和制作过程中面临各种挑战，需要灵活运用知识和技能，寻找创新的解决方案。这种实践性的学习培养了学生的创新思维和解决问题的能力。

5. 强调在实践中学习

劳动教育强调实践和经验的重要性。通过参与各种劳动活动，学生能够亲身经历问题的出现和解决过程，从中学习如何分析问题、寻找解决方案并付诸实际行动。

劳动教育提供了一个实践的学习环境，学生通过亲身参与实际劳动活动来获取知识和技能。在这个过程中，他们会面临各种挑战和问题，需要动手实践，思考和解决问题。通过实践，学生能够将理论知识与实际情况相结合，理解概念的实际应用，并加深对知识的理解和记忆。

实践中的学习使学生能够全面了解问题的本质和复杂性。他们在实践中会遇到各种困难和挑战，需要运用知识和技能来解决。这种经历培养了学生的问题分析和解决能力。学生通过面对实际问题，并通过实践不断调整和改进解决方案，逐渐提高自己解决问题的能力。

通过实践中的学习，学生还能够培养实际操作的技能和技巧。他们通过亲身实践，掌握各种工具和技术的正确使用方法。这种实际技能的培养使学生具备了实际应用的能力，为将来的职业发展做好准备。

6. 培养批判性思维

劳动教育鼓励学生批判性思考问题的本质和产生的根本原因。学生被要求提出关键问题、进行推理和分析，并从不同角度思考解决方案的可行性。

劳动教育提供了一个实践的学习环境，学生会面临各种问题和挑战。这些问题可能涉及材料选择、结构设计、工艺流程等方面。学生被鼓励不只停留在表面现象，而是深入思考问题的本质和原因。他们需要提出关键问题，追溯问题的根源，分析问题产生的背后因素。通过这样的批判性思考，学生能够深入理解问题的复杂性，从而为解决问题提供更有效的方法和策略。

在劳动教育中，学生还需要进行推理和分析。他们需要运用逻辑思维和批判性思维，从已知信息中推导出新的结论。他们需要分析问题的各个方面，评估不同的因素和变量，并预测各种可能的结果和影响。这种推理和分析的过程培养了学生的思维能力和判断力，使他们能够做出明智的决策。

劳动教育还鼓励学生从不同角度思考解决方案的可行性和后果。学生们被要求考虑各种可能的选项，并评估每个选项的优劣和风险。他们需要思考不同解决方案的影响、效果和可持续性，以便做出理性和全面的决策。这种从多个角度思考问题的能力培养了学生的综合思维和创新能力。

通过培养批判性思维，劳动教育为学生提供了更深入的学习体验。学生们不仅仅是简单地完成任务，而是通过批判性思考发展自己的思维能力和问题解决能力。学会提出关键问题，进行推理和分析，并从不同角度思考解决方案的可行性。这种批判性思维的培养不仅在劳动教育中有用，对学生的学术成就、职业发展和个人生活都具有重要的影响。

7. 培养解决问题的方法和策略

劳动教育不仅注重问题解决的结果，还注重学生运用科学方法和策略解决问题的过程。学生通过实践学习如何制定目标、制定计划、分析数据、评估效果等解决问题的方法。

劳动教育强调学生通过实际操作来解决问题，并鼓励他们运用科学方法和策略进行思考和行动。学生在面临问题时，首先需要明确目标，明确自己想要达到的结果。然后，他们学会制定计划，确定达成目标的步骤和时间安排。这个过程培养了学生的目标设定和计划能力，使他们能够更加有条理地解决问题。

在劳动教育中，学生也学会了收集和分析相关数据。他们需要了解问题的背景和相关信息，并收集相关的数据和资料。通过数据的分析和评估，学生能够更准确地了解问题的本质和特点，从而有针对性地制定解决方案。这种数据分析的能力使学生能够基于客观事实做出决策，并提高解决问题的有效性。

劳动教育还鼓励学生评估解决方案的效果。学生需要思考和评估他们的解决方案是否达到了预期的目标，并对解决过程和结果进行反思和总结。通过这种评估的过程，学生能够发现问题的不足之处，并改进他们的方法和策略。这种反思和改进的能力使学生能够不断提高解决问题的效率和能力。

通过培养解决问题的方法和策略，劳动教育为学生提供了解决实际问题的实践机会。学生学会了设定目标、制定计划、分析数据、评估效果等关键问题的解决步骤。这种方法和策略的培养使学生能够更加系统和有序地解决问题，提高了他们的解决问题能力和自主学习能力。

（四）培养团队合作和沟通能力

劳动教育强调培养学生的团队合作和沟通能力。在劳动实践中，学生需要与他人协作、分工合作，共同完成任务。学生通过与他人合作，学会倾听和理解他人观点，培养良好的沟通能力和团队合作意识。在劳动教育中，学生将参与各种集体劳动活动，如小组项目、团队任务等。这些活动将为学生提供锻炼团队合作和沟通能力的机会。

团队合作是劳动教育的重要组成部分。在团队劳动中，学生需要与他人协作，共同制定工作计划，分配任务，并协调各自的工作进度。学生将学会倾听他人意见，尊重不同的观点，并积极参与团队决策。团队合作将培养学生的合作意识、协调能力和集体责任感。

劳动教育还将培养学生的沟通能力。劳动过程中，学生需要与团队成员进行有效的沟通和协调。他们将学会表达自己的观点和意见，并倾听他人的反馈和建议。通过沟通，学生能够更好地理解他人的需求和期望，促进团队协作。

劳动教育通过培养团队合作和沟通能力，帮助学生在协作环境中更好地融入团队，并有效地与他人合作和沟通。

（五）培养责任感和自律能力

劳动教育强调培养学生的责任感和自律能力。学生在劳动教育中将承担一定的劳动任务，要按时完成任务，并对自己的工作结果负责。

劳动教育强调培养学生的责任感。学生将学会对自己的工作负责，对任务的完成负责，并对自己的行为和决策负责。劳动教育通过学生亲身经历劳动过程和任务完成的过程，使他们意识到自己的责任和义务，并培养他们承担责任的态度。

劳动教育还将培养学生的自律能力。在劳动实践中，学生需要遵守工作规程和要求，按时完成任务，管理自己的时间和资源。学生将学会制定计划和目标，并努力实现自己的目标。自律能力将使学生在劳动和学习中获益。

劳动教育通过培养责任感和自律能力，帮助学生养成良好的工作纪律和自我管理能力。

二、劳动教育的原则

（一）树立正确的劳动观念

1. 尊重劳动：常怀感恩之心

新时代需要锐意进取的劳动者，全面建成小康社会，实现中华民族伟大复兴的中国梦，必须坚定不移地依靠劳动，争做奋斗者、实干家。唯有紧跟时代，勤于学习、乐于实践，将自身前途命运同国家、民族的前途命运紧密联系在一起，在平凡的岗位上做出不平凡的成绩，才能助力共同理想的实现。中华人民共和国成立 70 多年来，劳动者中既有干一行、爱一行、专一行的劳动模范，也有敢为人先、奋发向上的先进典型，他们身上所体现的劳动精神始终熠熠生辉。无数奋斗者用实际行动证明，只有劳动才能体现人的社会价值，才能让劳动者创造出更多的财富，拥有更多的获得感和成就感。实干兴邦，一个尊重实干、尊重劳动的国家，必然会拥有强大的活力和发展动力，并在奋斗的道路上取得伟大的成就。

2. 热爱劳动：秉持传统美德

劳动是征服世界、改变世界最朴实的表现。古往今来，人类就是这样用自己的勤劳耕耘改变着世界，从原始的荒野走向气象万千的瑰丽世界，缔造了一个又一个令人叹为观止的胜景奇迹，让人类的每一个理想变成了活生生的现实。

回望千百年来人类不屈不挠、风雨兼程的岁月，劳动贯穿始终。无论是刀耕火种的蒙昧年代，还是自给自足、牛耕犁耙的小农经济时期；无论是商品经济崭露头角、追求价值多元化的过去，还是"互联网+""双创"风起云涌的当下，代代劳动者筚路蓝缕，用自己的双手奋勇拼搏，创造未来。劳动最光荣、劳动者最美丽，已成为人类社会永恒的价值追求。无数劳动者挥洒汗水，推动着社会历史不断向前发展。新时代的劳动美德，就是苦干、实干加巧干。我们不仅要排除万难，让劳动结出果实，更要脚踏实地，创新思维，力争取得突出成效。在新的历史发展时期，我们要持续弘扬"劳动最光荣"的风尚，在工作中兢兢业业、精益求精，凝聚全社会劳动的积极性、创造性，为自己劳动，也为他人、为下一代担当奉献，创造更加美好的未来。

3. 践行劳动：延续奋斗精神

光荣属于劳动者，幸福也属于劳动者。数十年来，各条战线英雄辈出，群星灿烂。在中华民族迈向伟大复兴的征程中，各行各业涌现出一大批爱岗敬业、锐意创新、勇于担当、无私奉献的先进模范人物。美好的生活需要通过劳动去创造。

新时代是奋斗者的时代，奋斗的人生最美丽。劳模精神、劳动精神、工匠精神是以爱国主义为核心的民族精神和以改革创新为核心的时代精神的生动体现，是鼓舞全党全国各族人民风雨无阻、勇敢前进的强大精神动力。立足新发展阶段、贯彻新发展理念、构建新发展格局、推动高质量发展，必须紧紧依靠工人阶级和广大劳动群众，大力弘扬劳模精神、劳动精神、工匠精神，为全面建设社会主义现代化国家汇聚强大的正能量。

4．认识劳动：树立劳动观念

大学生正确劳动观的形成是一个复杂的过程。让家庭教育和学校教育有效配合，才能矫正异化的劳动价值观。正确劳动价值观的形成，绝非学校组织学生参加几次劳动、听几次报告或举办几场以"劳动光荣"为主题的演讲、朗诵等就能够实现的。

此时，如果学校教育跟不上，大学生的劳动价值观就可能出现异化。帮助大学生树立正确的劳动观念，全社会应当积极营造热爱劳动、劳动光荣的舆论氛围，弘扬劳动精神，让诚实劳动、勤勉工作蔚然成风，引导人们崇尚劳动、尊重劳动者，让劳动光荣成为全社会的共识。在家庭教育中，家长应以身作则，帮助学生树立正确的劳动观念。

（二）强化劳动技能教育

"劳动"是一个复合的概念，理解劳动应从更深刻的内涵、更广阔的领域来把握。建设一支知识型、技能型、创新型劳动者大军，弘扬工匠精神和精益求精的劳动精神十分重要。青年劳动者更要勤于学习，勇于创新，虚心向老师傅、老匠人学习，将理论知识与劳动实践紧密结合起来，在各自岗位上不断创造伟大的业绩。

1．正确看待职业分类

职业分类，即根据职业的性质、特征，利用一定的规则、标准及方法将一般特征和本质特征相同或相似的社会职业，进行划分并统归纳到一定类别系统中去的过程。职业是劳动分工的产物，也是劳动者在社会活动中获取生活来源、实现自身价值的依托。对职业进行分类管理，是现代市场经济条件下实现社会化管理的必然选择。在当前完善国家治理体系的大背景下，职业分类对于适应和反映经济结构特别是产业结构变化，适应和反映社会结构特别是人口、就业结构变化，适应和反映人力资源开发与管理，特别是人力资源配置需求等方面，都具有重要意义。正确看待职业分类，深入了解职业内涵，有利于牢固树立平等职业观，找准自身的职业定位，做好个人职业生涯发展规划。

2．规避职业歧视

任何对劳动的歧视都会造成社会不公，引发社会矛盾甚至阻碍社会发展。商品之所以有价值，是因为其中凝结着无差别的人类劳动。从这个角度来看，劳动是平等的。无论何种劳动，何种职业，只要是正当的、合理的、合法的，都是值得尊敬的。大学生应树立职业平等观，尊重每一份职业，珍惜每一份劳动成果，脚踏实地，用实际行动推动社会进步。

3. 树立正确的劳育观

中华民族向来重视对勤劳美德的培养，并将之视为修身、齐家、治国的重要途径。进入新时代，我们更应树立正确的劳动价值观，弘扬勤劳美德，创造美好生活。艰苦劳动、辛勤劳动、诚实劳动是中华民族的传统美德。新时代劳动教育必须在继承马克思主义劳动理论、发扬中华民族传统美德的基础上开展。

与此同时，我们必须要充分理解其科学内涵，即培育正确的劳动观念、端正劳动态度、养成劳动习惯、增强劳动情感、增长劳动知识、提升劳动技能。劳动育人具有综合性，是观念、行为等多种要素的统一，需要强健的体魄、丰富的知识。劳动育人还具有实践性。劳动是人类最长久、最普遍、最基本的实践，在实践中学得更多、感悟得更深刻。

因此，实现新时代高校育人目标，需要通过开展各式各样的劳动实践活动来落到实处。最后，树立正确的劳动育人观还应注意厘清德、智、体、美、劳这五育之间的关系。劳动以外的教育和没有劳动的教育是不存在也不可能存在的，劳育是其他教育的基础，具有树德、增智、强体、育美等综合育人功能。新时代将劳育与德、智、体、美并举，不仅是对劳育作用的正确认识，也是对德、智、体、美教育的有力促进。

（三）具备必备的劳动能力

1. 强化劳动技能课程管理

劳动技能课顾名思义就是要强化动脑、动手练习，以掌握知识、重在应用为核心，培养和锻炼学生的动手技能与综合应用能力。为确保劳动技能课的开设，实现教育和培养学生的目标，各高校可以探索设置大学生劳动教育领导组织机构，并将此课程列入必修课教学计划。高校还应加强劳动纪律管理，注重考核和讲评，要不断完善劳动教育的监督和考核评价机制，把劳动成绩与综合测评挂钩，加强对大学生劳动教育理论学习及实践教育的长期观察与监督，制定统一的监督评价机制，在监督和考评中切实提升大学生的劳动意识和劳动技能。具体来说，学生在上劳动技能课之前，应当进行充分的宣传和动员，以院、系、班作为考核单位，劳动课期间也要有小结、讲评，技能课结束后还需要进行总结，将劳动技能课的出勤、学习情况作为学生评价的重要内容。此外，高校需要不断地完善劳动技能课的管理制度，强化劳动技能课的内容设置，确保劳动技能课充满活力，切实帮助学生自觉养成良好的劳动习惯，树立正确的人生观和价值观，让他们真正做到吃苦在先、享乐在后，勇于进取、开拓创新，以饱满的劳动热情参与到社会主义现代化建设中，肩负起历史赋予的责任与使命。

2. 理论与实践相结合

理论知识学习必须与专业技能和实践技能相结合。具体而言，高校应从生产技术、劳动知识、基本工作技能等方面将劳动教育和家庭教育、社会发展有机融合，锻炼学生发现问题、思考问题、解决问题的综合能力，端正学生的劳动态度，培养学生的创新意识和吃苦耐劳精神。高校应从实际出发，号召学生亲身实践，深入生产第一线和农村基地去切实参与劳动。一方面，劳动课程设置应科学合理，聚焦理论与实践的有机结合；另一方面，学校须做出长远规划，并聘请专业人员参与指导，通过校企合作开发系列劳动技能课程，以此来培养学生对于生产劳动的浓厚兴趣。例如，面向爱好美食的学生可以开设中餐课、甜品课、饮品调制课等，面向爱好花卉的同学可以开设插花、园艺等课程。开设适合学生的劳动技能课，可以增强学生对劳动课的热爱，让劳动实践向知识化、技能化、艺术化等多方面拓展，让劳技课与专业课相互补充，形成人才培养的多元途径。

3. 从点滴小事做起

大学生劳动技能观念的培养和形成不是一蹴而就的，需要从小事抓起，从点点滴滴做起。家务劳动、学校劳动、社区服务、工厂实践、农村体验等都是培养和提高大学生劳动技能的重要举措。劳动技能课的内容安排应尽可能贴近大学生的学习与生活，依托自我服务、自我管理、自我教育，充分挖掘劳动技能课的育人作用。比如，在校园内设置劳动技能岗位，安排学生参与校区保洁、公寓楼的卫生维护和管理、食堂帮厨和宣传教育园地维护等工作。

（四）培育积极的劳动精神

1. 劳动精神的内涵

劳动是人的基础存在方式，对于人的发展、社会的进步、历史的演进均具有重要意义。劳动是一切财富的源泉。劳动精神作为支撑劳动活动得以顺利进行的观念前提、价值基础和精神动力，直接关乎劳动效率，并影响着人们劳动积极性和创造性的发挥。

人类的劳动不是动物式的本能活动，也不是一种抽象的思辨活动，而是在一定的思想观念、价值理念和行为原则指导下所进行的有目的、有计划、有步骤的感性对象化活动。同时，这些思想观念、价值理念、行为原则构成了支撑劳动者进行劳动活动的精神动力和价值牵引。因此，劳动精神是植根于劳动者内心，并在其劳动活动中表现出来的劳动价值理念、劳动精神气质、劳动思维原则以及劳动心理意识，它将直接影响劳动主体的劳动行为、劳动态度、劳动品行和劳动面貌，并因此关乎人之存在、社会发展和历史进步的状况。总之，劳动精神是关于劳动的理念认知和行为实践的集中体现，凝结了坚守尊重劳动、崇尚劳动和热爱劳动的价值取向，涵育科学劳动、辛勤劳动和诚实劳动的社会风尚以及锻造体面劳动、创造性劳动和幸福劳动的实践品格。

培育劳动精神，弘扬良好社会风尚让劳动创造价值，让劳动者梦想成真，需要良好劳动氛围的带动。纠正和扭转好逸恶劳等不良社会风气，需要激发社会正能量，弘扬社会主义核心价值观，在全社会形成劳动光荣、劳动者伟大的正确舆论导向。一方面，高校必须坚持正确的舆论导向，借助广播、报刊、网络、手机、微博等加快推进媒体融合，并创新媒体传播方式，通过树典型、颂劳模等方式，营造劳动光荣的时代风尚；另一方面，高校各级领导、党员干部要发挥模范带头作用，身体力行、以身作则，发扬吃苦耐劳精神，争当劳动模范，向广大学生传递热爱劳动的正能量，让积极投身劳动成为一道亮丽的校园风景线。高校应大力宣传劳动模范与大国工匠的先进事迹，邀请劳动模范、"非遗"传承人走进校园，通过树立榜样，大力弘扬劳动美、创造美、贡献美，激励学生争做劳动的模范，争做践行社会主义核心价值观的模范。

2. 增进个体情感认同

社会存在决定社会意识，鉴于此，高校应从两个层面培育劳动精神。

（1）注重对学生个体认知理念的建构，并以此来应对社会不良风气的侵袭。针对享乐主义与拜金主义对劳动精神培育的影响，高校可以以"劳动创造了人本身"为出发点，深入剖析劳动精神在"适者生存"定律中的适用性，验证享乐主义无法维系个体的生存负荷并且最终将被社会淘汰的客观事实，加深学生对劳动精神的认知度。

（2）着眼于劳动精神培育的本质，以"理论+实践""感悟+认知"的形式挖掘劳动精神内涵，帮助学生树立"劳动最光荣""尊重是对劳动精神最美的礼赞"等思想观念，以社会主义核心价值观为引领，借鉴马克思主义劳动学说，构建人性化的劳动精神教育理念。高校需注重学生个体对劳动精神的情感认同，鼓励学生参与社会劳动，展现勤劳朴素的劳动风采，使学生发自内心地热爱劳动，从而提升自身的劳动境界。

3. 创新劳动实践模式

（1）高校应当建好劳动实践基地并加大场域资源共享。社区、企业、部队、乡村等校外场域中蕴含着丰富的劳动精神培育资源，要积极组织学生到这些校外场所开展社会调查、务农劳动、社区服务、公益劳动和勤工助学等活动，将教育同生产劳动和社会实践相结合，在实践中培养学生热爱劳动、珍惜劳动成果的思想感情、行为习惯和艰苦奋斗的作风。

（2）结合创新创业，逐步改善劳动教育方式。高校开展多种形式的劳动教育。可以将劳动精神培育与学生喜爱的创新创业活动、探究性学习、研学旅行、传统手工制作的学习有机结合起来，鼓励教师运用新理论、新知识、新技术更新教学内容，切实为学生劳动精神的建构和创新能力的增强提供保障。

（3）结合就业教育，引导学生树立正确的劳动观。学校还应结合就业教育，鼓励学生树立正确的就业观，让他们将劳动分工的正确认识转化为具体的劳动行为，推动学生将自己的劳动认知、劳动情感转化为具体的劳动行为，并进行自我检验。

4. 强化教育引导

（1）树立全面发展的教育理念。劳动精神的培养是实现人的全面发展的基本前提，同时也是学生自我发展与自我完善的重要途径。高校必须聚焦理念革新，转变传统观念，从办学理念、办学体系到学科设立、专业开设、课程设置等各个方面充分考虑学生全面发展和经济社会发展的需求，突出劳动精神培育在整个学校教育中的重要地位。

（2）深入挖掘课程中的劳动精神元素。学校要积极挖掘专业课程中蕴含的劳动精神元素，加强对马克思主义劳动价值观的解读，结合时代特征，增加对创新劳动的介绍，通过中西对比，借鉴劳动教育的精髓，对课程进行具体化、趣味化和生活化设计，不断引导学生正确认识劳动的意义和价值，培养他们热爱劳动、尊重劳动、向劳动人民学习的思想意识，以及吃苦耐劳、脚踏实地、辛勤劳动的传统美德，从而提升学生劳动情感的认同度、劳动意志的内化度、劳动行为的一贯性。

（3）在校园文化活动中嵌入劳动精神内容。高校将各类校园文化活动与劳动精神培养有机结合，开展卫生保洁、绿化设计、宿舍美化、校园风貌整治等公益劳动，与社团活动、班级活动、日常教育活动相结合，开展劳动主题实践体验活动，使劳动精神的培养常态化。

第三节 劳动教育的功能及结构

一、劳动教育的功能

劳动教育的本质目标是通过适当的教育途径培育具有健康劳动价值观、追求社会正义、实现体力脑力结合，以及养成具有自由个性的全面发展的人。新时代教育背景下，离开劳动教育就无法实现高等教育的基本功能，任何劳动教育都带有各个教育阶段的特征。高等教育不等同于劳动教育，也就是说，高等教育既要进行劳动教育，也要进行理论知识与实践技能的学习。从现阶段高等教育的实际来看，开展劳动教育具有如下基本功能。

（一）提升大学生政治素养

在新时代背景下，随着生活质量不断提升，人们所具有的吃苦耐劳、艰苦奋斗以及坚持不懈的良好品质不应发生改变。对于高校大学生而言，他们是社会政治主体的重要组成部分，大学生政治素养在整个教育体系中处于核心地位。因此，要培养大学生自身的政治能力，让大学生充分正确认识到中国特色社会主义制度的优势，并深刻把握我国以人民为中心的发展思想，从而实现在劳动中增加人民的情感。

1. 促进大学生明辨人类文明的前行方向

在当代现实生活中，不少大学生对人类文明及其走向的认知容易受到干扰，甚至理解错误。因此，阐释劳动在人类文明产生和发展史上的重要作用以及二者内在演进的辩证规律，理解马克思主义唯物史观与唯心史观的历史分野尤为重要。劳动教育可以对上述问题起到正本清源的作用，同时对增强大学生的马克思主义理论水平有重要的意义和价值。

2. 深化大学生对社会主义核心价值观的认识

吃苦耐劳、艰苦奋斗精神既是中华民族自古以来发展的重要根基，更是社会主义核心价值观的重要组成部分。

因此，培养与增强高校大学生对社会主义核心价值观的认同，必须加强劳动教育价值观和实践养成，要让高校大学生清晰地认识到把我国建设成社会主义现代化强国离不开劳动，引导大学生深入劳动的具体情景之中，深化对社会主义核心价值观以及劳动价值观的认识与理解，培育大学生的劳动品质与劳动精神。建设劳动教育观与社会主义核心价值观相融合的良好氛围，从而树立大学生正确的政治素养。

（二）培养大学生道德品质

新时代背景下，高校劳动教育的道德品质能对大学生进行价值观的引导、思想的熏陶以及行为习惯的训练等。高校作为高素质劳动者最重要的培养平台，其培养目标必须符合"社会主义劳动者"这一要求。随着中国特色社会主义迈入新的历史阶段，高校大学生既要崇尚劳动、热爱劳动、尊重劳动，更要树立正确的劳动价值观，形成良好的劳动习惯，培养高尚的劳动情操与劳动情怀。但是，这些品质与能力并非与生俱来，唯有通过劳动教育，让大学生亲身践行，才有可能使大学生真正认识到劳动创造世界的真理。高校要在学生中弘扬劳动精神，教育引导学生崇尚劳动、尊重劳动、懂得劳动最光荣、劳动最崇高、劳动最伟大、劳动最美丽的道理，长大后能够辛勤劳动、诚实劳动、创造性劳动。这为新时代高校劳动教育的顺利实施与提升大学生道德品质指明了方向。

1. 劳动培养大学生责任感

责任是大学生对自身的行为与选择等承担的工作职责，而责任感则是高校大学生对互动交往学习工作以及社会生活等所具备的行为品德，其基本形成是由外在的社会规范内化为个体的自我规定与自我认同的过程，从而使责任感得以确立。高校劳动教育能够有效帮助学生获得自我意识与他者意识，从而真切地感受到劳动实践过程中的责任感。据此，高校德育借助劳动教育帮助大学生学会区分他者与自我的角色差异，学会如何承担责任，如何在生活中保持良好的社会责任感。

2. 劳动磨炼大学生意志力

幸福都是奋斗出来的。人民对美好生活的向往必须通过奋斗得以实现，为实现中华民族伟大复兴的中国梦，我们必须弘扬艰苦奋斗的拼搏精神与劳动精神。

因此，在新时代教育背景下，高校要培养大学生艰苦奋斗的劳动精神，强化大学生艰苦奋斗的政治本色，锻炼大学生拼搏努力的意志品质，从而确保新时代高校大学生具有良好的道德品质与积极向上的精神风貌。

3. 劳动培养大学生协作精神

实践证明，劳动过程中所形成的精神品质是学生成长成才的关键因素。劳动促使人在生产和生活中不断克服困难，经历心智考验，劳动使人懂得生产和生活中的互助、团结和协作是社会关系的纽带，更是社会关系的规则。劳动教育可以促进大学生能力的全面发展，通过集体的生产劳动更能培养和激发大学生的集体主义精神等多种精神品质，而这些精神品质将会形成一种定力，无论将来面对怎样的变化，他们的理想和信念不会轻易蜕变。

（三）提高大学生创新能力

劳动教育人们成为真正有思想的人，赋予个人和集体丰富的精神生活，给予他们思维的欢乐。不能认为劳动教育同思想和教学无关。劳动能使人聪明，使人具有创造精神，使人变得高尚。高校要坚持创新驱动发展战略，将科技与经济发展相结合，全面培养高素质复合型技术技能型人才。高校大学生作为我国现代化建设的主力军，应具备时代所需要的创新能力与创新素养，这也是劳动精神的核心要义。

1. 激发高校大学生的创新潜能

高校要加强对大学生的劳动教育，为他们搭建更多的实践平台，为他们提供锻炼的机会。教师要指导大学生参加劳动，让他们大胆尝试，手脑并用，要让大学生在劳动的过程中验证所学的理论，鼓励他们探索未知领域，激发他们的创新潜能。

2. 增加大学生创新的知识储备

继承是创新的首要前提，创新是继承的必然要求。劳动教育就是生产劳动与教育的结合。

一方面，高校教师传授大学生劳动理论知识、劳动技能应用以及劳动文化常识等，拓宽大学生的知识面，培养劳动教育实践过程中提出问题、发现问题、分析问题以及解决问题的能力，促进大学生创新能力的发展，进而为大学生未来的创新打下坚实的根基。

另一方面,高校教师通过组织大学生参与劳动,将理论与实践相结合,归纳总结劳动知识,积累实践经验,进而夯实劳动创新的实践基础。

3. 培养大学生独立思考的能力

判定高校大学生是否有创新能力的关键在于大学生是否有独立思考的意识和品质。如何将培养高校大学生独立思考的能力落实在教育环节,更需要教师引导大学生参加劳动,在劳动过程中循循善诱、教育启发,而不是教师代思、代劳、代做。特别是在劳动教育过程中遇到问题,教师应鼓励大学生自己思考、自己动手、自己解决。这样既增强了大学生独立思考的意识,也提高了他们的创新能力。

(四)促进大学生德智体美劳全面发展

高校劳动教育实践活动是一项有计划、有组织、有目的地培养大学生综合素养的实践活动,劳动教育与美育、体育、智育以及德育互融互通,立足于马克思主义劳动教育观,有效将教育与生产劳动相结合,通过教育实现学生的全面发展。新时代教育背景下,把劳动教育纳入教育方针是新时代发展的必然趋势,既符合大学生的成长成才发展规律,也顺应社会发展对人才素质的内在要求。在劳动实践过程中,大学生会深刻理解劳动的教育价值与意义,形成良好的劳动习惯与劳动情感,将自身所学习的理论知识与技能有效地运用到实践之中,通过实践将进一步检验所学知识,不断内化努力奋发的道德品质,有效增强身体素质并提升审美能力和审美情操。

1. 以劳树德

劳动作为沟通主客体世界的媒介之一,有助于促进高校大学生道德素养的形成。让学生通过劳动深入理解马克思主义劳动观,树立劳动最光荣、劳动最崇高、劳动最伟大以及劳动最美丽的观念;让大学生体会劳动创造美好生活,培养勤俭、奋斗与创新等精神。为此,培养高校大学生良好的道德品质,帮助大学生形成正确的人生观、价值观与世界观。

2. 以劳增智

劳动能够让大学生清晰地认识到劳动对象、认识客观世界等。在劳动实践过程中,高校大学生可以利用劳动理论与劳动技能加深所学的专业知识，真正使所学知识转为隐性知识，激发自身学习的创造力与创新力，从而提升知识水平与能力素养。

3. 以劳强体

在加强劳动教育过程中，鼓励高校大学生积极参加日常生活劳动、生产劳动与服务性劳动，这不仅可以磨炼高校大学生的意志品质，使身体得到锻炼，而且能够帮助大学生树立良好的劳动习惯与劳动行为。

4. 以劳育美

美育是审美教育，也是情操教育和心灵教育，不仅能提升人的审美素养，还能潜移默化地影响人的情感趣味、气质胸襟，激励人的精神，温润人的心灵。美育与劳动教育相辅相成、相互促进，新时代的劳动教育最终也必然落实到对学生审美人格的培养上。新时代的劳动教育倡导一种基于劳动基础之上的现代审美人格的培育，让学生在劳动中发现美、欣赏美和创造美，在自我价值感的获得中达成一种美的人生境界。

二、劳动教育的结构

劳动教育是中国特色社会主义教育的重要内容之一，同时也是构建德智体美劳全面育人体系的重要组成部分。将劳动与教育有机结合，对推动人的全面发展，提升社会劳动实践水平起着非常重要的作用。如何有效开展劳动教育，为社会主义建设培育合格人才就成了各高校不可回避的共同问题。

(一) 推进课程建设，强化劳动教育主阵地建设

课程是教育教学的主渠道与重要载体，高校应以课程为主阵地，推动大学生劳动教育的落地实施，通过设置课程目标、精选课程内容、创设丰富体验情境推进开放共融式劳动教育课程建设。

根据国家对劳动教育的相关要求及大学生成长发展规律，分年级设置课程目标。低年级学生通过参与生活性、服务性劳动实践，明确劳动动机、端正劳动态度、习得劳动技能；高年级学生通过参加生产性、创新性劳动，培养劳动精神及公共服务精神。劳动教育课程以五育并举为目的，分阶段选编课程内容，凝练大国工匠和大国英模的先进事迹，以其崇高精神引航学生成长发展，引导学生把小我发展融入大我建设中去，以劳育德；组织

学生参与校内外劳动实践与公益志愿服务活动，培养良好劳动习惯，益劳健体；结合实习需求，深化学生专业实践，在创新创业、专业技能实践中强化专业学习，体验创造美好、收获成果的能力，以劳增智育美。

组织开展体验式、情景化教学实践。课程设置专项活动，组织低年级学生开展校园保洁、学习家政园艺，在身体力行的体验中，增长劳动知识，树立热爱劳动的意识；以实习实训、创新创业、专业竞赛等项目化方式组织高年级学生开展"专业技能提升"活动，强化学生解决实际问题能力与劳动实践能力；把劳动教育与职业生涯规划教育相融合，以主题班会、学习研讨、体验分享等方式，培养学生职业精神与公共服务精神。

（二）丰富育人载体，建设家校社协同育人共同体

"家校社"协同育人，符合人的全面发展要求和教育教学规律。高校应推动"家校社"劳动实践育人基地的建设，挖掘校内外实践育人资源，丰富育人载体，构建以学校教育为主导、家庭教育为基础、社会教育为延伸的协同育人模式。

联动教务处、学工处、校团委、后勤基建等部门，充分挖掘校内实践育人资源。在学校开辟劳动实践体验区域，发挥校园文化景观及自然景观的隐性育人功能，让校园的草坪花带、绿植景观成为学生劳动体验、志愿服务的育人场地。设置劳动教育体验周、划定班级负责区域，激发学生校园主人翁精神，使其主动持续地参与到校园的环境建设中来。

拓宽劳动教育场域，积极推进与行业企业、科研机构、基层社区的共建合作。紧跟时代发展，结合新业态、新产业、新模式，建立高新企业、农林场所、文化场馆等校外劳动教育实践基地，组织学生开展研学活动，体验现代科技发展。充分发挥家庭的基础教育功能，引导学生在寒暑假期间帮助父母分担家务、下农田参与耕种劳作、到社区开展志愿服务活动，在广阔的社会大舞台体验锻炼，思考感悟，收获成长。结合专业培养特点与劳动新业态的发展，把劳动教育的体验实践与专业教育、技能培训相结合，拓展与深化专业实习基地的育人功能，引导学生在实践中习得专业技能，深化对劳动的认同感。

（三）注重多元评价，形成劳动素养评价标准

评价对教育教学起着导向、激励和调节的作用，是促进学生全面发展与提升之本，高校应建立科学客观的评价标准对学生劳动能力、劳动素养

进行多元综合的评价。

充分发挥评价的积极作用，坚持结果评价与过程评价相结合，综合学生参与劳动课程实践及日常劳动表现进行课程评价，根据学生参与劳动实践、完成劳动作业、志愿服务与创新创业等方面情况，全过程评价学生劳动课业表现。采用表现性评价，通过举办劳动操作展示、成果展示、劳动技能竞赛等方式让学生展示劳动体验中的所感所获，对其劳动能力、劳动素养进行全方位、多角度评价，激发与调动学生主动参与劳动的积极性。

把学生劳动价值观、劳动知识、劳动能力、劳动习惯外化为可操作性评价指标，明确学年内劳动实践类型、次数、时长等考核要求，把劳动教育纳入学生综合素质测评体系，全面评价学生劳动素养。推进第二课堂成绩单制度建设，以信息化方式全面记录学生劳动教育实践经历和具体成果，为全面评价学生综合素质提供更加强大的支持。

第二章　新时代劳动育人的内容体系

第一节　劳动观念教育

一、劳动观念教育的主要内容

劳动观念的养成是新时代高校劳动教育内容体系的第一个维度，也是所有劳动教育内容中最核心的要求。作为新时代的大学生，要树立正确的劳动观念，这对培养社会主义建设者和接班人具有重要意义。劳动作为每位公民拥有的光荣义务与权利，要克服错误的思想倾向，明确"劳动是人类的本质活动"，并自觉地接受劳动锻炼与劳动教育，在劳动实践中不断追求幸福感，并始终坚信劳动会培养一个人良好的道德素质。因此，劳动观念养成是新时代高校劳动教育的核心内容，要树立正确的劳动观念，养成良好的劳动习惯，形成尊重劳动、崇尚劳动与热爱劳动的劳动态度，以及培育大学生"四最"导向的劳动价值观作为劳动教育内容体系中的首要内容，以全面提升学生的劳动素养。

（一）正确的劳动意识与良好的劳动品德

树立正确的劳动观念、养成良好的劳动品德是全面提升新时代大学生劳动素养的内在要求，是新时代高校劳动教育实施的首要内容。劳动意识与劳动品德两者之间呈现相辅相成、相互促进的关系，唯有具备良好的劳动意识，才能养成良好的劳动品德。培养学生的劳动意识是对劳动的思想认识，并直接决定着劳动者的情感态度、价值判断以及行为选择，使其在该意识支配下形成热爱创造、热爱劳动等心理活动。劳动习惯则是个体在长期劳动实践过程中所养成的尊重劳动、热爱劳动的行为方式。

劳动是人类有目的、有意识的活动。人的劳动既能获取某种劳动财富与劳动报酬，也能满足人的精神与物质需求，使人身心愉悦，促进人的身体健康发展，以此来满足自身的需求，故劳动意识逐渐被强化。现阶段，大学生对自身内心的认识往往存在模糊性，对真实世界的认识也是表象的，而解开问题的钥匙之一就是劳动，每位学生只有通过劳动教育才能逐渐树立正确的世界观、人生观以及价值观，这对于塑造学生的劳动观念、培养大学生的劳动意识与劳动品德具有重要意义。

1．劳动意识方面

观念是行为的先导，学生的劳动意识并非与生俱来，良好的劳动意识是通过学习获得的，而非自发生成的，具体如下：

（1）让学生明白劳动是财富的源泉也是幸福的源泉，在劳动创造中把自己的理想同祖国的前途、自己的人生同民族的命运紧密联系在一起，扎根人民，奉献国家；鄙视"不劳而获""少劳多获"的投机思想，正确认识新时代劳动的复杂性与多样性，由衷认同劳动没有高低贵贱之分，明白任何一份职业都很光荣的道理。

（2）借助一定的教育手段和教育方式，将劳动教育与思想教育、家庭教育相融合，大力宣传大国工匠、劳动楷模等先进人物案例与事迹，激发大学生创新劳动、主动劳动、勤劳勇敢、自强不息等劳动情感，在精神层面对大学生产生升华与引领作用，从而使大学生真正明确劳动是实现人类全面而自由发展所必需的实践活动，更是促进社会进步与发展的根本途径。

2．劳动品德方面

良好的劳动品德不仅是一个人劳动精神的外在体现，更是成为一个幸福劳动者所需要的，通过劳动和创造播种希望、收获果实，磨炼意志、提升能力。大学生高尚的心灵是在劳动中培养起来的，要使大学生多参加劳动。因此，高校要通过实施系统化与科学化的劳动教育，着力纠正学生中存在的轻视劳动、逃避劳动的不良之风，从打扫寝室卫生、清洁实训现场等点滴小事做起，从自我生活劳动做起，有目的、有计划地在系统的文化知识学习之外组织学生参加日常生活劳动、生产劳动和服务性劳动，引导学生在积极参与劳动实践中锤炼意志品质、增长本领才干，从而养成良好的劳动品德。

（二）尊重劳动、崇尚劳动与热爱劳动的劳动态度

培养学生积极的劳动态度既是学生认识与实践辛勤劳动、创造性劳动行为的前提与基础，也是新时代劳动教育的重要内容。劳动态度是指学生从事劳动的动机以及在劳动中的行为表现，即学生对劳动的认识和以此为指导所采取的行动。在新的历史时期，培养学生积极的劳动态度就要消除学生对劳动的偏见，形成劳动最光荣、劳动最伟大的价值观念与尊重劳动

人民、珍惜劳动成果的积极态度，进而尊重劳动、崇尚劳动与热爱劳动。

1．尊重劳动方面

在新时代背景下，大学生劳动幸福感的获得离不开对劳动的尊重，当大学生诚实劳动被尊重时，就会从劳动中感受到自我存在的意义与价值。具体应做到以下方面：

（1）引导大学生诚实劳动。要求大学生在劳动过程中按照高校的规章办事、诚实守法，以职业道德、劳动美德等严格要求自我，帮助大学生摒弃弄虚作假、好逸恶劳、追求眼前利益以及投机取巧的观念。无论时代如何变迁，高校必须让大学生充分认识到唯有依靠自身的诚实劳动才能获取幸福，走向成功。

（2）引导大学生敬畏劳动。当人将劳动视为自身的本质的时候，敬畏劳动实际上就意味着敬畏生命。故高校在遵循敬畏劳动者生命态度的同时，要大力弘扬艰苦奋斗、勤俭节约等优良传统，时刻教育大学生要对他人的劳动成果怀有敬畏之心，对劳动者和劳动成果给予充分的爱惜与尊重。

2．崇尚劳动方面

崇尚劳动是对劳动的一种认识，即认为劳动分工无贵贱，劳动价值有大小，美好的生活是通过劳动得来的。世界上没有一种真正有价值的东西，是可以不经过艰苦辛勤的劳动而得到的。崇尚劳动体现了一个时代、一个社会的劳动文化和文化水准，蕴含着对劳动的高度认同和自我内化。

在科学信息技术高度发达的今天，人们必须清醒地认识到，劳动仍然是创造价值的根本来源。无论是生产劳动还是劳动外延的不断深化，均呈现出崇尚劳动的价值源泉。可见，一个国家或一个民族无论站在何种历史方位，崇尚劳动始终是永恒的主题，也是推动国家发展、社会进步与家庭幸福的关键所在。

此外，学校应该更加注重引导学生牢固树立历史由人民创造的观念，教育大学生任何形式的劳动都应受到平等的尊重，不管是从事体力劳动还是脑力劳动，也不论劳动付出量的大小，唯有崇尚劳动才能播种希望，收获成果。

3．热爱劳动方面

热爱劳动是中华民族的优秀传统。劳动是最光荣的，只有劳动才能创造美好生活，爱劳动的人会永远焕发出美丽动人的光彩。这是因为，基于对劳动的热爱，劳动者能够充分发挥其聪明才干，提高劳动效率，并在劳动过程中充分体会到劳动所带来的满足感与喜悦感，真正实现自我价值。

为此，新时代高校要培养大学生热爱劳动的价值取向，明白劳动的真正意义与价值。高校要在遵循劳动教育现象、把握劳动教育规律的同时，注重劳动教育内容的时效性与系统性，科学地构建劳动实践体系，着力优化大学生的专业实习实训，并借助多元主体等各方力量，形成协同育人的劳动教育新格局。因此，高校劳动教育的内容体系中，要把热爱劳动的态度培养作为一项重要内容，在劳动教育过程中要让大学生锤炼品质、增长本领、磨炼意志，并用心去感受通过劳动获得的快乐与幸福，使之产生对热爱劳动的真挚情感。

（三）遵循"四最"导向的劳动价值观

任何教育活动都具有一定的价值目标，而这种价值目标在很大程度上规范着教育的价值内容，并反映了一定的价值诉求，劳动教育也不例外。通过劳动教育，使学生能够牢固树立劳动最光荣、劳动最崇高、劳动最伟大、劳动最美丽的观念。新时代教育背景下，高校要积极引导大学生体验劳动、理解劳动的时代意蕴与本质，全面提升劳动素养，逐渐树立"四最"劳动价值观，倡导大学生以辛勤劳动、创新精神等参与到社会建设之中，使之在劳动实践中实现社会价值与个人理想，这是新时代全面加强劳动教育的重要任务与课题。

1. 劳动最光荣

劳动价值观核心内容之一，即要让大学生平等地看待各行各业的劳动者，懂得"劳动最光荣"。高校要积极引导大学生认识到劳动者在价值创造中的主体地位。我国坚持以人民为中心的发展思想，坚持一切为了人民、一切依靠人民，始终把人民放在心中最高位置。劳动是没有高低贵贱之分的，每一份工作都是光荣的。唯有将劳动最光荣的观念浸润心灵才能焕发新时代大学生的劳动精神，并让大学生以更大的热情投入社会劳动，从而实现更高的价值。

2. 劳动最崇高

劳动价值观核心内容之二，即要让大学生弘扬与继承劳动精神，懂得"劳动最崇高"。崇高的劳动精神源于崇高的劳动者，新时代涌现出诸多的大国工匠以及劳动模范等，他们用自身的行动诠释着劳动精神。作为新时代的高校大学生，更要弘扬与继承劳动精神，无论做任何工作都要脚踏实地、勤奋努力，更要树立远大的理想，敢于担当时代的重任。具体而言，大学生不仅要专注于自身的专业学习，不断地提升自身的理论与实践能力，认真对待工作与生活，更要有甘于奉献的精神品质。

3. 劳动最伟大

劳动价值观核心内容之三，即要让高校大学生在大格局视野下认识劳动的本质，懂得"劳动最伟大"。劳动创造对社会的进步与发展起到重要的推动作用。在新时代背景下，要懂得劳动最伟大就必须要让大学生明确认识两点：一是伟大事业都是由劳动创造的。深刻理解中华人民共和国成立以来取得的伟大成就都是由劳动所创造的，中国特色社会主义的大厦是由一砖一瓦砌成的，人民美好的幸福生活是由一点一滴创造的。二是树立大学生正确的人生导向。高校要积极引导大学生树立远大理想，通过生动的劳动教育使大学生崇尚劳动模范，学习劳模精神，感受劳动者的伟大与崇高等，使劳动最伟大成为新时代的有力强音。

4. 劳动最美丽

劳动价值观核心内容之四，即要让高校大学生明白劳动过程是人们按照美的规律改造世界的过程，是最能体现审美精神与人的本质力量的活动，从此懂得"劳动最美丽"。中华民族是善于创造的民族，在劳动中建成了今天美丽的国家。通过劳动教育让大学生树立"劳动最美丽"的价值观，见证、感悟普通劳动者的美丽。

二、劳动观念教育的时代价值

思想的魅力在于对时代的引领，在于对现实的感召。学校要在学生中弘扬劳动精神，教育学生崇尚劳动、尊重劳动，让学生懂得劳动最光荣、劳动最崇高、劳动最伟大、劳动最美丽的道理。

（一）实现中华民族伟大复兴的必然要求

进入新时代以来，党中央高度重视劳动方面的教育和劳动观的培育，劳动教育是中国特色社会主义制度的重要内容，直接决定社会主义建设者和接班人的劳动精神面貌、劳动价值取向和劳动技能水平。劳动是维持人的自我生存和发展的基本手段，劳动创造了人和社会的历史，创造了社会上的物质财富和精神财富。纵观历史发展的长河，劳动对于一个国家的向前向好的发展过程中起到了关键作用，无论是技术的进步还是创新，劳动能够促进整个国家向前向好地发展。

大学生群体是实现中华民族伟大复兴的中国梦的重要力量，培育大学生的劳动观在新时代发展的要求下显得十分重要。在中国特色社会主义制度、建设和改革开放的实践过程中，我国逐渐成为屹立在世界东方的发展中大国，正是靠着中国人民的不怕吃苦的精神以及辛勤劳动。所以，当前大学生更是不能忘记劳动的重要性。实现中华民族伟大复兴更需要大学生这一群体在正确劳动观的引领下，充分发挥主观能动性，实现创造性劳动，从而增强我国的创新能力。

（二）创造社会美好生活需要的现实动力

美好生活靠劳动创造是新时代劳动观培育的内在动力。劳动是一种自由生命的表现和生活的乐趣，劳动解放构成了建设人类美好生活的总体性认识。人们对于美好生活的向往和需要日益强烈，美好生活需要还表现在满足人们的幸福感、获得感、存在感等需要。美好生活，作为一种生活目标，它是在人在实践中形成、有可能实现的一种未来理想生活状态，要实现这一目标就需要社会中的每个人肯定劳动的价值，肯定人的生存与发展离不开劳动，更要坚守住自己的岗位，积极地参与劳动。

人是社会发展的主体，在劳动过程中创造了丰富的物质与精神文明成果，人类的一切活动应当以促进人的自由全面发展为宗旨。大学生对于美好生活的追求更应当是对于自身价值的认可，具有坚定的理想信念。因此，培育学生的劳动观有助于大学生追求自身存在的重要价值，通过劳动来满足自身发展的需要；有助于让大学生在现实生活中的劳动实践中领略劳动的魅力，在劳动中奉献自己，从而通过自身的劳动，来追求自己所向往的美好生活的需要。新时代是奋斗者的时代，高校只有通过不同的方式，正确培育大学生的劳动观，才能使学生真正意识到劳动是实现人的自由、全面发展的活动，是创造社会美好生活需要的内在动力，从而更加切实地认可劳动、重视劳动、向往劳动，成为新时代合格的劳动者、奉献者。

（三）落实立德树人根本任务的必经之路

立德树人贯穿我国教育事业的各领域和各环节，是我国教育事业的根本任务。立德树人包括"立德"和"树人"两个方面。

培育大学生劳动观最重要的内容就是培育大学生的劳动价值观、对待劳动的情感态度以及劳动品质和品德。青年一代不仅是有理想、有本领、有担当的时代新人，更是社会建设的主力军与生力军。高校是为国家培养、输送优质人才的育人基地和重要场域，进行劳动观的培育是大学生个人成长成才的重要基础，这就要求高校将劳动与教育、培育劳动观与现有人才培养体系相融合，引导大学生积极投身于社会主义伟大实践。

因此，大学生需要深入系统地掌握劳动相关的基本知识、本质规定、劳动的意义和价值以及劳动的内在规律，对劳动形成正确的看法和态度。同时，还要积极参与学校组织的实习、志愿服务等社会实践活动，在劳动实践中依法履行劳动义务秉持诚实劳动的态度，培养大学生热爱劳动、崇尚劳动、尊重劳动的真挚情感。通过理论的学习和实践的深化不仅可以让大学生形成良好的劳动态度、弘扬劳动精神、提高劳动创新的水平和能力，进一步夯实立德树人的文化底蕴，为立德树人根本任务的实现打下坚实的基础。

（四）助推个人成长成才发展的内在需要

人的本质上是群体动物，在其现实性上是一切社会关系的总和。现实中，人们在社会关系中生存与发展，而劳动在社会关系中起着人与人之间相互联系的桥梁作用。培养社会所需要的全面发展的人的根本途径是教育与生产劳动相结合。因此，培育大学生的劳动观有利于促进大学生达到精神层面与现实物质层面相匹配的高度。人在现实的社会生活中处于主体地位，更是社会生产活动中最积极、最活跃的因素。因此，培育大学生的劳动观有助于发挥出大学生自身的积极、活跃的能量，从而让大学生实现自身的全面发展。

劳动观念和劳动精神教育覆盖人才培养的全过程。培育大学生的劳动观有助于大学生在劳动实践过程中，领悟劳动的意义价值，形成勤俭、奋斗、创新、奉献的劳动精神，从而更好地成长成才。人的自由全面发展是人发展的最高目标，促进大学生个人成长成才发展则是这一最高目标的阶段性目标，而培育大学生劳动观是达到大学生个人成长成才目标的重要途径。人始终是在社会中凭借自己的努力劳动改变现状，从而追寻更高的目标。劳动是推动社会前进的重要动力，也是促进人全面发展的重要动力。大学生具有活力和创造性，有着强烈发挥主观能动性的意愿，更有想提升自身各项素质和能力的意愿。大学生各项能力和素质提升的前提是参与到劳动中去，无论是学校的各项活动还是简单的寝室打扫，都能提升大学生改造客观世界的能力和思想认识水平。

因此，高校教师引导大学生树立正确的劳动观，是帮助大学生成长成才的重要前提。不断引导大学生学习和掌握劳动相关的理论知识，不仅能够挖掘其潜能、全面提升其综合素质，而且能够达到大学生德智体美劳全面发展的新时代要求。

三、劳动观念教育的根本路径

为培育大学生正确、科学的劳动观念，我们需要正视当前劳动观培育中出现的问题，通过社会、高校、家庭、个人等途径，有效解决出现的问题，从而让大学生树立正确、科学的劳动观，提升自身素质，实现全面发展。

（一）摒弃错误观念，营造良好社会风尚

良好的社会风尚需要各方共同努力，不仅要弘扬劳动精神，更要倡导劳动奉献社会，让人们在劳动中获得快乐。

1. 宣传劳动模范，弘扬劳动精神

劳动模范和先进工作者、先进人物不仅要做好自己的工作，而且要身体力行向全社会传播劳动精神和劳动观念，让勤奋做事、勤勉为人、勤劳致富在全社会蔚然成风。劳动模范在社会中是广大人民群众的标杆，也是培育良好社会风尚的重要组成部分。因此，大力宣传劳动模范是培育大学生劳动观的重要途径，先进典型和榜样的力量，不仅能展现了工人阶级和广大劳动群众的伟大品格，其崇高的思想和模范行为还能感染全社会，并引导和鼓舞全体人民保持昂扬向上和奋发进取的精神状态，营造良好的文化氛围。

（1）充分利用媒体对全国的劳动模范进行宣传。大学生现在获取信息的渠道越来越多，需要用主流媒体来对他们进行价值引领。通过对劳动模范的大力宣传，让大学生感受到劳动模范的事迹，这对于大学生形成正确的世界观、人生观、价值观具有重要的引导意义。

（2）通过讲座、宣讲等形式让劳动模范进校园、社区，亲身宣传。通过这种形式，让大学生近距离与劳动模范接触，感受他们身上的热爱劳动的精神，从而能够让大学生从心底里感受到劳动的意义，从而形成热爱劳动的品质。

（3）劳动模范不仅可以是全国的劳动模范，也可以是身边的学生、教

师等模范。对这些普通角色的劳动事迹的宣传，不仅能够让大学生与这些学生、老师近距离接触，而且能让大学生真切感受到身边榜样的力量。对劳动模范的宣传，有助于弘扬劳动精神，培育大学生热爱劳动、热爱创造的精神品格，激励大学生形成通过劳动实现美好生活的价值观念。

因此，在全社会营造劳动美丽的文化环境，不仅可以推进劳动观念深入人心，在思想上促进全社会形成热爱劳动的观念共振效应，而且更能为劳动价值意蕴的充分发挥提供精神氛围。

2. 倡导劳动奉献，提高劳动地位

（1）积极发挥国家重要群团组织的重要作用。各级工会、共青团、妇联等群团组织在开展劳动教育中有着独特的作用。这些组织与广大劳动群众有着密切的联系，通过这些组织贯彻上级组织的重要精神，有利于各项活动的开展。要重视劳动，提高劳动者的地位，宣扬积极正能量的劳动，营造劳动奉献的社会风尚，向鄙视劳动、轻视劳动等错误观念发出抵制和纠正之声。

（2）争取广大企业、事业单位积极参与。企业、事业单位作为社会生活中的重要组成部分，是人们从事劳动的重要场所，所以企业、事业单位要积极承担社会责任，发挥自身的重要优势。企业、事业单位的优势在于能够积极与各方相互配合，尤其是企业，可以与学校进行合作，为大学生提供实习机会，让大学生近距离感受劳动的魅力，充分感受企业、事业单位浓厚的劳动氛围，从而增强大学生对劳动的热爱以及对劳动人民的敬佩之情，让劳动奉献在整个社会中显现出来。

（二）体现新时代特征，建立劳动培育体系

高校需要根据学校自身的实际情况，建立相应的劳动观培育体系。因此，不但要准确把握劳动观培育的内涵和目标，开设相应的劳动课程；更要丰富劳动观的内容，让大学生真正感受到劳动教育的魅力。

1. 把握劳动观内涵，开设培育课程

高校正确、准确把握劳动观的内涵，是开展大学生劳动观培育的重要前提。为加快构建对大学生德智体美劳全面培养的教育体系，大学生劳动观的培育是其重要的组成部分。实施大学生劳动观培育的重点是除了让大学生学习系统理论的劳动相关理论知识之外，还应该让大学生有目的和有计划地组织大学生参加现实生活中的日常生活劳动、生产劳动和服务性劳动，从而让在劳动实践中出力流汗、接受锻炼、磨炼意志。

（1）明确劳动教育课程的地位。劳动教育课程是一门必修课，将劳动教育课程作为大学生的公共必修课会更加合理，这样能够促进大学生对劳动理论的学习。

（2）劳动教育课程应当是理论与实践相结合。在进行考核的时候，应当把大学生的日常生活，比如寝室劳动、参加劳动的活动等纳入到考核的范围中，劳动教育最重要的就是让大学生动起来，实践起来，亲身感受劳动的快乐与魅力。

（3）劳动教育课程适当与专业相结合。在授课的过程中，学生来自不同专业，接受程度存在着不同，适当做好准备工作，了解专业，在授课的过程通过与不同专业知识的结合，讲授给学生，学生能够更好地接受所讲的理论内容；在实践的部分中，与所学专业相结合，更有助于激发学生的学习兴趣，增强其动手实践能力。高校在准确把握劳动内涵的基础上，将劳动教育摆在正确的位置上，这有利于完成立德树人的根本任务。

2. 明确培育目标，丰富劳动观内容

（1）高校需要明确劳动培育的目标，通过进行劳动相关课程理论的学习让大学生能够理解和形成马克思主义劳动观，牢固树立尊重劳动、热爱劳动的观念，从而将劳动最光荣、劳动最崇高、劳动最伟大、劳动最美丽的观念深入到大学生的心中去；让大学生在现实生活中体会劳动创造美好生活的魅力，体会劳动不分贵贱，热爱劳动，尊重普通劳动者，从而培养大学生勤俭、奋斗、创新、奉献的劳动精神；让大学生养成良好的劳动习惯和劳动品质，使其具备生存发展所需要的基本劳动能力。

（2）高校应根据大学生劳动观培育的目标，丰富大学生劳动观培育的内容。大学生劳动观培育的内容主要包括日常生活劳动、生产劳动和服务性劳动中的知识、技能与价值观。劳动内容可以与专业相结合，如理科学院可与实验相结合，激发学生创新意识；文科学院可与实习、志愿服务相结合，提升学生的实践能力，让学生积累职业经验。劳动内容也可增加参与社会公共服务实践，培养学生主动奉献社会的精神和到艰苦地区工作的奋斗精神，尤其在重大灾情、疫情发生时，使学生主动参与到其中，作出重要贡献。还可以充分挖掘优秀传统文化，充实劳动教育内容。中华优秀传统文化中蕴含着丰富的辛勤劳动的资源，将这些优质资源呈献给大学生，不仅能够增强大学生的劳动意识，还能继承和创新优秀传统文化。

（3）丰富大学生劳动教育形式。学校是开展大学生劳动教育的重要场所，学校可以与其他场域建立合作关系，比如红色实践基地、实习基地、生产车间等，由教师带领学生亲身感受社会中的劳动魅力，在社会中享受劳动带来的乐趣，这样的劳动教育更生动、更具说服力、更有助于学生将所学劳动理论与劳动实践相结合，从而培育大学生科学的劳动观。

（三）学校、社会、家庭教育相结合，提高育人效果

有效培育大学生正确的劳动观，需要学校、社会、家庭三者相互配合。通过教育实习让大学夯实专业技能，通过志愿服务让大学生感受劳动奉献的魅力，通过家庭劳动让大学生提升生活自理能力。

1. 专业技能与教育实习相结合

专业技能学习与学生实习实训是密不可分的，尤其在培育大学生劳动观的过程中，高校教师应当把握好二者的平衡与协作。高校中的课堂教学是高等教育中知识与技能传授的主要方式，想要增强劳动教育效果，需要抓住课堂教学这一主要渠道。

（1）促进劳动观培育与专业技能相结合。学生通过专业知识的学习，来增强自身的专业能力和专业素养。专业教师一方面要认真结合专业具体情况，将学生的专业技能基础打牢；另一方面，专业教师在注重打牢学生专业基础知识和技能的同时，要更加注重培育大学生的劳动诚信观念。诚实劳动和工作，是当代大学生争取美好生活的一条坦荡大道，培养学生的诚信劳动意识就要从学生的作业完成情况入手，加强对学生日常作业、考试考察、论文写作、调研报告等的监察力度。

（2）促进劳动观培育与教育实习、实训相结合。实习实训作为专业课程教育教学的重要延伸，是将学生所学的专业理论知识和专业技能实际运用到客观现实中的重要途径。加强实习实训与劳动知识等是促进学校教育与社会需求衔接的重要手段。这就需要教师亲自带队学生开展实习实训工作，在实习实训过程中以身作则、示范引领；带队老师与实习实训指导老师共同指导学生的实际操作，有助于学生有效地提高自身的动手操作能力。在遇到困难时，敢于鼓励学生发挥自身的主观能动性和创造性，在正确的方向下，让学生直面困难，通过自己的自主思考解决遇到的问题，这样有助于学生提高实习实训的积极性，从而形成辛勤劳动、创造性劳动的劳动品质。

2. 社会实践与志愿服务相结合

在学校中要强化实践育人，始终坚持教育同生产劳动和社会实践相结合。因此，让大学生积极投身于广泛的社会实践中，在增长专业技能本领、磨炼自身艰苦奋斗的意志中感悟劳动带来乐趣、收获和魅力，进而让大学生在实践中形成崇尚劳动、尊重劳动、热爱劳动以及珍惜劳动成果的良好品质。

（1）倡导培育大学生劳动观与社会实践相结合。高校应积极地开展以"劳动"为主题的讲座、论坛、演讲比赛等活动，让学生在参与这些活动时感受劳动精神；高校应该充分利用学生会、研究生会等学生组织，举办劳动技能相关的比赛，让学生积极参与其中，充分感到劳动带来的快乐；高校还可以在寒暑假组织大学生开展社会实践活动，充分利用各种合作基地，与其保持长期友好的合作关系，为学生提供社会实践的平台，让学生在实践基地中感受劳动实践的魅力；高校还可以给大学生开展劳动相关的调查研究，鼓励学生去偏远山区等地切身感受当地人民的社会实践活动，从中领悟劳动的真谛。

（2）倡导培育大学生劳动观与志愿服务相结合。高校要充分抓好学校学生组织，充分开展"劳育"主题教育；要打造一支乐于奉献的志愿服务团队，号召广大学生积极参与志愿服务，鼓励学生参与到走入偏远山区的支教活动，让学生亲身关注当地的劳动人民；鼓励学生积极进入到社区中，尤其是当疫情等重大灾害发生时，学生可以投身到当地的社区志愿服务工作中去，与广大人民群众亲密接触，感受广大人民群众的纯朴的劳动情感。

（3）做好社会实践与志愿服务的宣传工作，让更多的大学生看到自己身边的普通学生投身到广大的劳动实践中去，充分感受到劳动带给广大同学的快乐。探索出培育大学生劳动观与社会实践和志愿服务相结合的多种路径，有助于培育大学生热爱劳动、尊重劳动的良好品质。

3. 校内劳动与家庭教育相结合

校内劳动观的培育与家庭教育十分重要，关系到大学生的成长成才以及世界观、人生观、价值观的形成。因此，培育大学生劳动观需要学校和家庭相结合。

（1）学校要充分发挥育人的优势，多开展集体劳动活动，鼓励更多学生参与其中，可以将学生的寝室卫生打扫以及教室的卫生打扫等纳入到学生的评奖评优的要求中，这样能够在一定程度上提高学生的劳动积极性，增强学生的劳动意识；学校还可以分学院、分场次在全校组织义务劳动，比如打扫校园卫生，或者进入社区开展劳动，这样在有规章制度的管理下，大学生能够参与到劳动中去，形成正确的劳动观；学校还可以加大宣传力度，充分利用学校的各个重要场所——教学楼、办公楼、图书馆、食堂、宿舍、体育场等地方，将劳动事迹、劳动模范、劳动精神等以文字、图片、视频等形式充分展现，营造一个良好的校园劳动文化环境；学校在此基础更加可以充分利用新媒体平台，通过微信公众号、微博等，大力对校园内的劳动模范进行宣传，通过他们的事迹，让大学生切身感受他们所带来的劳动的力量。

（2）家庭教育也要发挥重要的育人作用。家长需要转变教育观念，不能将对体力劳动的偏见强加到学生身上，更不能溺爱学生，尤其是让学生不能够轻易地获得想要的东西，应该让学生通过自身的劳动来获取；家长更需要以身作则，学生很容易模仿家长的行为，因此，家长需要在日常生活中，做好示范，比如做饭、刷碗、扫地、拖地等家务劳动中，带着学生一起进行，让学生掌握生活中最基本的劳动技能，鼓励学生主动去做，不要怕学生犯错误，即便是犯了错误，也要适当地进行引导，而不能去指责、谩骂学生，这样只会适得其反，打消学生劳动的积极性和创造性。所以要通过学校与家庭教育相结合，对大学生劳动观进行有效的培育。

（四）加强自我教育，促进个人发展

社会、学校、家庭教育为大学生形成正确的劳动观念营造了良好的氛围以及提供了参与劳动的重要平台，当前最重要的是大学生自要从自身做起，要努力提高自身的劳动意识、积极参与劳动实践，树立正确的就业观念，要通过自我教育，实现个人自身的全面发展。

1. 自觉提高劳动意识，养成良好劳动习惯

大学生提高劳动意识与养成良好的生活劳动习惯是相辅相成的，正确的劳动意识能够带给学生良好健康的生活习惯，而大学生的生活劳动习惯则是能够反映出大学生自身的劳动意识。因此，大学生需要主动加强自我教育意识，不断提升自身的劳动意识。大学生提高劳动意识的关键是要主动学习劳动相关的理论知识。大学生是劳动观培育的主要对象，也是知识的接受者，在学校充分掌握教师所讲授的关于劳动方面的知识和理论，遇到不理解的知识以及问题时，要及时向老师请教或者和周围的同学进行探讨，保证充分汲取知识营养；大学生不仅要充分掌握劳动理论知识，更要学习好专业知识，专业知识也是从事劳动的重要基础；在新时代这一大背景下，只有打牢专业知识基础，练就过硬的技能和本领，才能更好地将学业与人生规划结合起来，更好地为实现中国梦做出自己的贡献。同时要在学习劳动知识与专业知识的过程中，不断地自我反省，在正确专业知识以及劳动知识指引，充分认识到劳动的重要性。

大学生除了认真学习劳动理论知识和专业知识之外，更要运用所学知识，指导自己的日常生活，从而养成良好的生活习惯。主要包括：调整好作息时间，保证自身的身体健康；主动保持自己书桌的整洁与干净，积极主动打扫寝室卫生，在寝室创造一个舒适、干净的环境，能够让人感到心情愉悦，同时享受自身的劳动成果；加强自身自理生活能力的培养。

2. 积极参与劳动实践，增强个人劳动能力

参与劳动实践是检验大学生劳动能力的重要途径之一。

（1）大学生要积极参与学校组织的集体实践活动。学校组织的集体活动包含了专业实习、社会实践等活动。大学生要积极主动参与学校组织的专业实习。在实习的过程中，能够亲身体验未来要从事的工作，在遇到问题时还能够求助指导老师，从而有效地解决所遇到的问题，提高自身的专业本领和技能；大学生也要积极主动参与到学校组织的社会实践活动，通过自己与小组成员的积极配合，培养集体荣誉感，增强团结协作能力；尤其是在遇到困难的时候，通过小组成员的相互合作，共同面对困难，从而增强解决问题的信心。

（2）大学生要在学校中积极参加勤工助学活动。勤工助学是全方位、多层次的劳动实践活动。学校常见的勤工助学岗位包括了图书馆管理员、班主任助理、教师助教等以及学校外的勤工俭学比如家教等活动。大学生完全可以主动进行申请，在这些岗位中，通过勤工助学的劳动锻炼，不仅能够获取一定的收入，满足日常生活的需要，还能够增强自身的沟通能力，培养自立自强的品质和吃苦耐心的精神。

（3）大学生要积极参与学校学生会、研究生会等学生组织的劳动实践活动。大学生通过参与这些活动，比如劳动讲座、模拟法庭、打扫校园卫生、去敬老院等活动，全方位增强对劳动的认识。

（4）大学生要充分利用节假日的休息时间，参与到社会公共实践活动中去。大学生通过将在学校内学到的理论知识与社会实践相结合，就能够为自身积累宝贵的社会劳动经验，提升自身的劳动本领，同时也能够为自身未来的就业打下坚实基础。

3. 树立平等就业观念，提升爱岗敬业品质

大学生需要树立"干一行、爱一行"的就业观念，提高自身的爱岗敬业精神。

（1）大学生需要改变传统的劳动观念。近些年来，公务员、教师等体面并且稳定的工作是许多大学生向往和追求的，也是学生家长一直看重的，而一些冷门行业则不受学生的欢迎。所以，大学生需要改变这种观念，要根据自己的兴趣和爱好选择适合自己发展方向的职业，这样才能保证自己从事的是自己喜欢的工作，从而增强对所从事岗位的热爱程度。

（2）大学生要树立平等就业观。部分大学生还存在着对体力劳动认知出现偏差的问题，认为大学生从事脑力劳动要比从事体力劳动更加体面。大学生在择业就业的过程中，要树立平等的就业观、正确的劳动观，拥有积极的劳动态度，自觉主动地摒弃功利化以及世俗化的就业目的，要以劳模精神和工匠精神为价值引领，打破为个人谋私利的劳动价值追求，从而努力提升自己的道德修养。在现实生活中，只要是从事劳动，都是值得尊敬的。

因此，大学生需要转变以往对劳动的认知。大学生要对自己所学的专业有清楚的认知，对未来作出相应的职业生涯规划，无论未来从事什么样的工作，都要平等对待，以平等的眼光看待每一个职业，这样才能树立正确的职业平等观念。大学生要积极认真地学习劳动模范以及大国工匠等在平凡的工作岗位辛勤劳动、敢破敢立、勇于创新、精益求精的优秀品质；也要汲取他们身上迸发出的勤于劳作、敢于担当，以及面对重大疫情、灾害等危机主动作为的奉献精神，从而不断提升自己的劳动品德和人生境界。

（3）大学生应当提升自身素质，要具有大局意识和服务意识。在国际竞争日益激烈的今天，劳动者素质在赢得竞争主动的过程中起着重要，甚至是决定性的作用。大学生需要努力提升自身的专业素养，打牢专业基础，练就过硬本领，这样才能在择业的竞争中取得优势。大学生要在就业择业时要有大局意识和服务意识，要敢于挑战自己，选择一些富于挑战的工作，从中不断积累工作经验，磨炼自身的意志，增强自身的能力，才能更好地

对自己负责，对社会负责。

第二节　劳动知识教育

劳动知识的学习是新时代高校劳动教育内容体系中的第二个维度，是高校劳动教育实施开展的重要载体。新时代对劳动教育提出了新的要求，加强高校大学生劳动知识学习，既是劳动教育的基础，也是大学生树立科学劳动观的主要依托。大学生通过劳动教育获取的知识既包括与学生专业学习相关的劳动规范和技能知识，也包括与通用性劳动相关的知识，如劳动伦理、劳动法律法规以及劳动就业保障等方面的知识。通过相关劳动知识的学习，可以使高校大学生对专业知识的实践把握与现实理解不断加深，从而为未来的就业工作奠定坚实基础。由于高校中学科专业的不同，劳动教育知识的类型也不同，获取劳动知识的途径也不同。因此，下面从高校劳动知识的类型和获取途径出发，指导高校开展劳动知识学习的相关工作。

一、劳动知识的基本类型

与中小学阶段不同，高等教育阶段的专业性更强，大学生毕业后距离劳动力市场更近。因此，新时代高校劳动教育要进一步增强学生的专业应用能力和劳动创造能力，使学生的专业性劳动知识与通用性劳动知识融合提升。

（一）引导学生结合专业学好专业性劳动知识

一个人是否学过专业知识，在从事某项具体工作时的技能水平和实际效果是有明显差异的，而是否能够通过反复实践操练，将所学知识转化为改造事物的专业技能，对专业知识的学习效果同样有着重要的影响。当前，高校主要通过劳动规范、劳动技能等形式来组织大学生获取专业性劳动知识。

在劳动知识技能培养中主要涉及日常劳动知识技能培养和专业劳动知识技能培养两个方面。通过科学系统的日常生活劳动知识技能培训，一方面可以提高学生的生活质量，使其感受到科学劳动的魅力；另一方面，也能为学生专业劳动素养的提升起到良好的基础铺垫作用。开展清晰的日常生活劳动知识教育并布置日常生活劳动实践作业，是提高学生日常劳动知识技能的必要手段。专业劳动知识技能培养需要更加注重学生的实际动手能力。扎实做好实习实训工作，加强协同育人体系构建对于提高学生专业劳动技能十分必要。

（二）引导学生掌握通用性劳动知识

通用性劳动知识就是在教育实践中通用性、迁移力较强，在专业社群中认同度较高的劳动知识，是在教育知识体系中占据中心位置的教育理论、实践知识等的统称。当前，高校主要通过劳动伦理、劳动法律法规等形式来教授大学生通用性劳动知识，具体有以下几点。

第一，劳动伦理。劳动伦理是大学生在劳动过程中表现出来的对劳动关系的稳定的心理特征和倾向，是责任意识和道德情操的反映，包括劳动责任意识、劳动主体意识、劳动风险防范意识、环保意识、劳动诚信意识等。劳动伦理教育不仅是提升大学生劳动价值认知的重要手段，也是对学生知、情、意训练的手段。高等教育不仅要以劳动技能的学习为核心，更要以构建劳动认识、激发劳动情感、培育劳动品质为目标，体现了劳动教育的伦理要求。

第二，劳动法律法规。劳动法律法规教育是对高校大学生进行的与劳动相关的法律法规的教育，其中包括劳动法律法规的学习，保护自身劳动权益意识的培养等。高校大学生作为即将走向社会的劳动者，要通过对劳动法律法规的学习，不断提升自身劳动法律法规意识，懂得如何保护自身劳动权益。在遇到劳动责任事故、劳动纠纷案件、劳动违法事件时，高校大学生应通过劳动法律法规保护自己合法的劳动权益，更好地就业择业。

对高校大学生进行劳动法律教育要以《中华人民共和国劳动合同法》《中华人民共和国劳动法》《中华人民共和国劳动争议调解仲裁法》等为主要学习内容，向学生介绍劳动合同对用人单位是如何规定的，以及对用人单位规章制度的约束力，使大学生明确哪些情形适用于劳动合同法的规定，哪些情形不适用劳动合同法的规定。此外，还要说明劳动权益受到伤害时如何保护自己权益的问题，要向学生介绍雇佣合同、劳动合同等之间的区别，介绍关于人身损害赔偿请求的注意事项和个人权益保护问题。在高校大学生劳动教育过程中，要高度重视劳动规范教育，这有利于高校大学生充分了解我国劳动法的基本精神和主要内容，做到依法劳动，并保护自己合法的劳动行为和劳动成果。

二、劳动知识的获取途径

高校要通过多种途径引导大学生获取上文中提到的专业性劳动知识和通用性劳动知识。具体而言，大学生可以通过以下途径获取劳动知识。

（一）专题讲座

以劳动教育专题讲座作为新时代高校大学生劳动教育思想交流与互动的重要载体，既能够为高校劳动教育提供持续性的动力，也有助于培养大学生形成尊重劳动、崇尚劳动、热爱劳动的积极态度。高校劳动教育专题讲座具有广泛性、丰富性与多元性等特征。在宏观层面，通过专题讲座可贯彻落实国家教育方针，围绕培养社会主义建设者和接班人的核心任务，落实劳动教育这一发展理念，使高校大学生成为社会主义建设的时代新人；在微观层面，通过专题讲座来培养大学生实干精神，帮助大学生树立科学的劳动品格，加强对高校大学生的劳动教育，使大学生能够在潜移默化的过程中受到引导与教育，这是树立大学生正确劳动教育观念、培育劳动教育情怀以及鼓励大学生主动参与劳动实践的重要途径。

（二）课程研习

课程是高校进行劳动教育的主要形式，通过设置劳动教育课程，可以让学生系统学习劳动理论知识、实践技能，培养学生劳动观念、劳动精神与劳动意识等。劳动教育课程是学生获取劳动知识的主要渠道。当前，大部分高校依据国家政策相关文件，积极创造条件，开设劳动教育课程，丰富和完善课程体系，创新劳动教育内容和形式。具体而言，学校在劳动教育课程建设中要注重以下方面。

第一，重视课程内容质量，将劳动教育内容渗透到学科教学中。高校教师作为课程的主要实施者，不仅要做到充分了解与把握课程内容，还要做到以一种"润物细无声"的方式将劳动教育内容融入不同学科专业教学内容之中。如通过循序善诱的教育方法不断地将劳动创造历史、劳动创造世界、劳动创造人本身等劳动观念渗透入"思想道德修养与法律基础""马克思主义基本原理概论""中国近现代史纲要"等理论课教学中，让学生树立正确的劳动观。

第二，劳动教育课程内容要体现时代性。随着我国教育高质量的发展，新时代高校劳动教育课程内容应与时俱进，紧密结合中国国情以此改进课程内容。在"创新"成为时代要求的背景下，劳动教育课程内容应融入数字化信息化元素，培养学生的高阶思维能力和社会情感能力。设置虚拟劳动教育实验室，丰富劳动教育的内容与环境，以虚拟性与高交互性的方式让学生体验各行各业的独特魅力。数字世界与现实职业相结合的虚拟劳动教育实验室，能够拉近学生与不同职业、无条件体验的职业以及高科技职业之间的距离，增强学生对自己感兴趣职业的了解。

第三，加强高校劳动教育课程实施的外部保障。劳动教育课程内容应与社会经济新时代的发展相适应，在政府支持、校企合作以及校校共享等合作机制的基础上，促进高校劳动教育与创新创业教育深度融合，让大学生在创造性劳动中充分掌握劳动技能与劳动知识。

（三）主题活动

高校要充分利用主题活动这一有力抓手，开展劳动教育活动，旨在引导新时代大学生养成劳动习惯、树立劳动观念、培养劳动精神，使之在劳动实践中去锻炼自身的意志，并将国家发展与个人奋斗同频共振，为实现中华民族的伟大复兴与教育高质量发展贡献出自己的青春力量。现阶段，开展高校大学生劳动教育主题活动的形式呈多样化，主要体现在如下方面。

第一，以校训、校史等大学精神所蕴含的劳动文化元素为主题开展劳动教育主题活动，帮助大学生树立正确的劳动观念与劳动意识。校训是一所学校办学宗旨、教育理念和人文精神的高度凝练，是学校长期形成的校风、学风和教风的集中体现。要着重挖掘校训中爱岗敬业、勇于创新等内容，让学校开展劳动教育具有航标和灵魂。在校史方面，每所高校都有其鲜明的办学特色与办学历程。挖掘高校校史中有关奋斗拼搏、吃苦耐劳、迎难而上的典型人物和感人故事，并通过系列丛书、图片、视频等方式呈现在学生面前，让他们明白劳动成就梦想、劳动开创未来的道理。

第二，结合节假日、纪念日等开展劳动教育主题活动，打造一系列师生喜闻乐见的大学校园文化活动，让参与其中的师生感受到劳动的乐趣与魅力。此外，各高校纷纷设立"校园文化劳动月"，积极开展不同主题的劳动教育活动。例如，通过植树节、学雷锋纪念日、五一劳动节等不同的形式开展多样的劳动活动，宣传新时代劳动价值观，使大学生在参与各项劳动主题活动的同时，能够积极主动地继承我国优良的劳动传统，形成积极的劳动精神。

劳动教育的内容包括日常生活劳动、生产劳动和服务性劳动中的知识、技能与价值观。高校劳动教育具有极强的实践性，其教育内容应根据国家的相关要求，结合大学生的发展规律、认识程度以及身心发展情况等，充分发挥学校特色，利用社会资源，开展包括日常生活实践、生产实践和服务性实践在内的劳动实践活动，形成多样化、协同化、系统化的劳动实践体系，让学生在劳动实践中体悟劳动的价值与意义，以切实解决高校劳动教育中"有教育无劳动"的问题。

第三节　劳动实践教育

一、生产劳动实践

生产劳动作为人类社会劳动的基本类型之一，具有鲜明的社会导向性。人类的生产劳动经历了从简单劳动到原始劳动，再到复杂性劳动和创造性劳动的过程，其发展历程既体现了人类社会发展史，也体现了人类通过劳动创造美好生活的追求。在一定的社会条件下，可根据劳动复杂程度将其分为简单生产劳动和复杂劳动。其中，简单生产劳动是指不用特殊训练，每个劳动者都能掌握的一般性劳动。引导大学生参与一定的简单生产劳动是大学生培养职业观念、增强社会责任感的重要途径，也是大学生积极融入社会的表现。生产劳动的实质是让学生在工农业生产过程中直接经历物质财富的创造性过程，体验从简单劳动、原始劳动向复杂劳动、创造性劳动的发展过程，从而使学生学会使用劳动工具，掌握相关技术，感受劳动创造价值，增强产品质量意识，体会平凡劳动中的伟大。

引导高校大学生积极参加生产劳动，是劳动教育质量的关键因素。生产劳动已不是一般的生产劳动，更不是一种纯粹的生产劳动，而是具有一种教育性与学习性的劳动，并在高校专业化教师指导下，对专业学科进行理论与实践思考，从而带领学生进入生产劳动场所体验、实验与验证的专业性劳动的生产过程。学生只有亲历劳动过程，才能真正体悟真理，发现知识，明确操作技术等，从而提高生产劳动能力。因此，各高校要根据学校办学特色，积极对接行业、企业等社会性生产平台，借力专业化学习，加强生产劳动教育，为大学生生产劳动提供丰富的生产劳动空间。

第一，实现生产劳动与教育有机结合。生产劳动与教育的有机结合作为一种教育思想，不仅造就了时代特质之人，更是新时代教育改革的必然趋势。高校培养大学生将所学的专业化理论知识与技能和未来的就业与发展相对接，从理论与实践结合的高度加强专业范围内的技能培训，使学生既有扎实的专业理论知识，又有相应的动手能力。

第二，丰富大学生参加生产劳动的内容。工农业生产活动是最朴素的生产劳动实践，能让大学生体会到劳动的快乐，并与劳动人民建立真挚的感情。然而，随着生产劳动形态的变化，生产劳动过程中的科学技术逐渐凸显。高校大学生生产劳动教育内容的选择，必须符合当下互联网科技与生产的时代发展，体现现代科学技术在生产劳动中的有效运用，注重新兴技术支撑和社会服务的新变化，从而认识到现代科学技术在劳动中的强大生产力，树立创新意识与培养科学精神。

第三，高校要针对不同大学生的就业需求，积极给大学生提供就业实习平台，为大学生提供从事不同生产实践的机会，使之在生产劳动中逐步适应社会。

二、服务性劳动实践

服务性劳动是指劳动者运用自身所储备的知识与技能，结合一定的设备与工具向他人提供的一种帮助与服务。作为劳动实践活动的类型之一，与日常生活劳动所特有的自我倾向性不同的是，服务性劳动具有鲜明的社会导向性、利他性以及非功利性等特点。

随着我国现代化进程的不断发展，服务性行业的规模越来越大，公共服务也越来越重要，大学生必须在奉献社会、服务他人等方面树立正确的价值观、人生观与世界观，在多样化的服务中承担社会责任。新时代服务型劳动教育要培养劳动者爱岗敬业、甘于奉献的劳模精神，引导个体在帮助他人、服务集体中培养服务意识，通过参与不同类型的服务性岗位和公益性活动丰富服务技能、提升服务本领，在实践中提升社会责任感，培育良好的社会公德，共同推进社会主义和谐社会的建设。

可见，服务性劳动不仅可以培养大学生正确的劳动意识，而且还可以增强当代大学生的社会责任感。以社会责任支撑劳动品德，让大学生在劳动过程中学习，并了解社会、锻炼体魄、增长专业知识与技能等，切实感受到劳动的意义，引发对自身责任与未来使命的思考。因此，可以从以下两方面引导与强化高校大学生服务性劳动。

第一，积极开展志愿者活动。鼓励大学生参加社区服务、志愿者组织、爱心扶助等义务劳动组织，发挥所学的专业优势，如前往孤儿院、敬老院等地进行服务。如广大大学生积极参加"尊老、爱老、敬老、助老"献爱心活动，帮助敬老院、空巢老人等打扫卫生、清洗衣物，替老人购买日常生活用品，陪老人拉家常、谈心等。通过这些服务性劳动可以让大学生充分体会到劳动的意义与价值，帮助大学生提升劳动素养，树立正确的劳动价值观。

第二，积极开展公益性活动。如定期安排大学生参加农业生产、工业体验、商业和服务业实习等义务劳动实践，利用劳动教育实践基地、综合实践基地和其他社会资源，与研学旅行、团队日活动和社会实践活动等相结合，培养大学生的活动组织能力和奉献精神。鼓励大学生协助绿化养护人员对校园绿化带内杂草进行清理，了解绿化和花卉的养护知识，掌握简单的花卉养护、浇水、施肥、修剪等技能；协助会务人员做好校内各种会议、会场的宣传布置工作，了解宣传栏、横幅等的设计、排版、制作、摆放等相关知识；积极参加社会组织、学校、学院举办的各种公益活动，服从组织领导，做好本职工作等。

三、日常生活劳动实践

日常生活劳动作为创造人类社会劳动中最普遍的劳动类型，既是保障每个人存在的首要基础与前提条件，也是立足于劳动自立与自省意识的培养，并在不同生活模式下形成的一种理想劳动状态。在日常生活劳动中大学生应做到自觉劳动、珍惜劳动成果，培养自我的劳动技能，养成良好的劳动习惯，并能够有效地运用到生活实践之中。现在的大学生很多都没有体验过农民的艰辛，只有亲自参与了日常生活劳动，才会深刻感受到生活的艰难，加深对劳动的认识，产生刻骨铭心的劳动印记。具体而言，要充分发挥家庭和学校的协同作用。

第一，家庭要发挥在劳动教育中的基础性作用。注重抓住衣食住行等日常生活中的劳动实践机会，鼓励学生自觉参与、自己动手，随时随地、坚持劳动，掌握洗衣做饭等必要的家务劳动技能。学生参加家务劳动和掌握生活技能的情况要按年度记入学生综合素质档案。

第二，学校要发挥在劳动教育中的主导作用。健全劳动素养评价制度，引导大学生每天打扫寝室，及时分类、倾倒垃圾，经常保持室内通风；床铺被子叠放整齐，被单平铺整齐，书籍、洗漱用品等摆放整齐，衣帽用品挂放整齐，行李入柜存放整齐；垃圾放入指定的垃圾桶内，保持地面、墙面、门面干净整洁，无积尘、无污渍、无积水、无纸屑、无果壳等；勤洗澡、勤理发、勤换洗衣服等，养成良好的个人卫生习惯。将学生寝室卫生检查、个人生活卫生检查等劳动素养纳入学生综合素质评价体系，制定评价标准，全面客观记录学生日常生活劳动过程和结果，加强日常生活劳动技能情况的考核。

第四节　劳动技能教育

当前，在新一轮科技革命与我国产业转型升级的历史交会之际，我国工业制造业进入智能化时代，意味着传统的"中国制造"将被"中国智造"所取代，频频涌现出的新技术、新产品、新业态以及新模式致使生产劳动中的简单技能岗位逐渐被智能机器人所取代。这对于劳动者的技能提出了更高要求，也给培养技术型人才的高等教育提出了新的发展目标。可见，劳动技能的培养是高校劳动教育的重要内容，高校劳动教育既要通过系统的学习引导大学生掌握专业的劳动知识，奠定扎实的理论基础，又要加强专业化的劳动技能训练，使学生将理论知识转化为实际操作的技能，从而提升大学生专业素质与实践能力。

一、专业性劳动技能

专业性劳动技能是大学生基于专业理论知识、技术水平以及综合运用能力等所形成的职业实践能力，这些能力是以未来就业与职业岗位为导向的，是新时代高校大学生劳动技能提升的关键。劳动教育是中国特色社会主义制度的重要内容，直接决定社会主义建设者和接班人的劳动精神面貌、劳动价值取向和劳动技能水平。可见，对于社会而言，掌握好专业性劳动技能的社会人才是满足中国特色社会主义事业不断进步与发展的需要。对于高校大学生而言，掌握必要的专业性劳动技能是立足社会的首要条件，更是高校劳动教育的着力点。

（一）前期阶段：夯实系统化的理论与方法

专业性劳动技能离不开专业理论与专业方法，需要通过专业知识的积淀与学习才能形成。换言之，专业性劳动技能对专业理论与专业方法的依赖不是被动的，而是一种主动的延展。一个人是否学过相关专业知识，在从事某项具体工作的技能水平和实际效果方面是有明显差异的，而是否能够通过反复实践操练，将所学知识转化为改造事物的专业技能，对专业知识学习效果同样有重要影响。因此，充分运用劳动理论或专业方法进行劳动技能的教育尤为重要，既要考虑到我国目前科学技术、社会生产与社会条件发展的现实需求，更要考虑到大学生毕业后与社会主义市场需求对接的程度，以此统筹安排高校劳动技能相关的专业知识教育。

在专业理论方面，自然科学知识可以为劳动技能的培训提供科学原理，高校劳动技能首先要以系统化、科学化的劳动知识为基础。在专业理论教学中，高校要引导学生注重对专业基本理论的研读，让学生在脑海中构建起基本的专业理论体系。

在专业方法方面，高等教育阶段培养的高素质劳动者，主要是以方法论为主。大学生要尽快转变对专业学习的认知观念，尤其在专业技能学习的过程中，不仅要熟悉理论知识从假设到推演再到得出结论的整体认知，随时关注与跟踪专业发展的前沿动态，更新专业知识，还要注重对实操过程中所存在的问题、操作流程以及注意事项进行学习，灵活掌握与运用劳动技能的专业方法。

（二）实施阶段：构建科学化的劳动技能教育

第一，高校要强化校内专业实习实训环节，融"教、学、做"于一体，培养大学生的专业技术能力。为有效适应劳动新形态的发展，传统专业实训要在互联网信息技术、仿真模拟技术等方面进行全面升级，以满足大学生对服务体验、专业实操的专业性实践需求，为大学生的专业技能发展赋能。

第二，深度挖掘多方资源优势，开展专业实训项目。高校要加强校企合作，组成专业的项目团队，根据项目的学习要求，分析规划项目的目标定位、研究方向、细分职责、素材需求、劳动工具、劳动知识理论与劳动技能等，最终通过实训项目落实培训效果，巩固劳动技能与方法。

（三）后期阶段：将技能训练纳入劳动教育评价体系

高等教育阶段开展劳动教育时，须构建一套系统完善的评价体系，不断推进劳动教育的有序开展。通过对大学生进行评价与激励的方式使技能训练纳入高校劳动教育评价体系，可以提升大学生参与劳动的积极性，增强劳动教育的实际效果。具体而言，可以对大学生在劳动技能训练中的成果与表现进行全方位的考核评价，通过设置劳动技能的内在与外在的两项指标体系，予以打分。其中，以劳动态度、职业精神与劳动效率等作为内在指标，以劳动技能的理论知识的掌握、劳动实训过程中技能的熟练程度、理论与实践相结合的运用程度以及劳动技能训练的实效等作为外在指标，以此形成全面化的劳动专业技能评价体系。劳动技能评价结果应成为大学生全面发展的重要指标，高校应将其作为评优评先等工作的主要参考依据。

二、综合性劳动技能

随着我国社会经济发展水平的不断提升，对技术技能型人才的要求越来越高，而加强专业性劳动教育、提升劳动精神与素养等，这是培养综合性劳动技能的基础性条件。

综合性劳动技能的培养应成为高校劳动教育的内容之一，这是满足大学生生存和发展所需的基本劳动能力，也是让大学生实践、应用和掌握相关技术、感受劳动创造价值、形成社会责任感的基础能力。

（一）提升大学生的综合性劳动技能素养

综合性劳动技能素养是大学生在劳动实践中形成的一种综合素质，对高等教育技术技能型的人才培养有着深刻且直接的影响。新时期劳动实践活动场域发生了新的变化，并赋予劳动价值观新的内涵，高校唯有培养大学生积极向上的综合性劳动价值观，那么大学生在劳动过程中形成的情绪情感、自我概念、动机、品质、人际互动能力、行为习惯等，才能有效转化为综合性技术技能型人才所具备的设计、构想、革新与转化的价值动力。这是因为，综合性劳动技能素养的培养对大学生的成长成才具有极其重要的作用，培养大学生的综合性劳动技能成为高校的重要内容。其重要性具体体现在以下方面。

第一，综合性劳动技能对大学生道德的培养具有重要作用。以高校机械加工技术专业为例，高校教师依据教学目的，让大学生在一定程度上了解与掌握了机械加工的研究对象、工艺过程、相关概念后，通过相关短视频和图片，让大学生能够充分了解到我国以及国际上机械制造业的趋势与现状等，让大学生深刻感受到我国机械制造业的先进与辉煌，从而激发大学生的国家自豪感，提高大学生对专业技能和课程的学习积极性。

第二，综合性劳动技能对大学生智力的培养具有重要作用。从本质上讲，高校综合性劳动技能的培养是一项实践活动，其教学在很大程度上促进了大学生动手能力与动脑能力的结合。以高校艺术专业为例，结合校园文化与专业特色，开展劳动文化节，举办综合性劳动活动，如设计、绘画、剪纸等。在劳动实践环节中，大学生的思维能力会更加清晰，其想象力、创造力以及思维能力等也会伴随着技术的提高而得到相应程度的提升。

第三，综合性劳动技能对大学生眼界的开阔具有重要作用。高校大学生综合性劳动技能的培养能增长大学生的见识与阅历，让高校劳动教育更加有深度与广度。以高校信息类专业为例，高校引导大学生通过互联网信息技术开阔自身的眼界，充分认识到信息技术过程中存在的价值与作用。在劳动实践过程中，运用相关信息技术与技能型劳动相结合，以此来改变传统的劳动教育教学模式，为大学生提供更多自主实践、自主探索和多元化学习的机会。

第四，综合性劳动技能对大学生创新能力的培养具有重要作用。高校大学生综合性劳动技能的掌握，其本质上就是拥有良好的创新意识、创新能力以及实践能力等，从而激发大学生的想象力与创新力。以高校物理化学专业为例，培养高校大学生对于物理化学的实践操作，有助于大学生在该专业中了解不同客观事物之间的规律与必然联系，让大学生明白每一种客观事物的反应都要受一定条件的制约，从而使大学生在一定水平的制约下进行创新。

（二）提供综合性劳动技能考证的培训平台

综合性劳动技能包括单向综合劳动技能和职业综合性劳动技能两类，分别以学生获得相应的技能证书为标准。当前，单向综合性劳动技能证书包括普通话等级证书、外语等级证书、计算机等级证书、汽车驾驶证以及游泳等级标准等；职业综合性劳动技能证书包括各类职业资格证书，如导游资格证书、律师资格证书、教师资格证书、心理咨询师证书、茶艺师资格证书、景观设计师资格证书等。那么，如何帮助高校大学生获取综合性劳动技能资格证书，是高校必须重视的事情。高校要探索知识基础、实践能力与人文素养融合发展的人才培养模式，根据社会对人才的需求，制订科学的、切实可行的人才培养方案。以提升职业素质和职业技能为核心，优化学科专业结构，在允许高等院校扩大学科专业设置自主权的条件下，专业设置要以服务地方经济发展为前提，以就业为导向，设置课程要与职业资格考试的科目相匹配。

第五节 创造性劳动教育

创造性劳动是在原有劳动知识与思维、劳动方法与内容等基础上进行不断地创新与突破，以此形成高效的劳动，创造超值的社会财富。聚焦教育场域，高校要引导大学生通过社会实践、实习实训等渠道，了解社会经济发展对他们提出的解决新问题、创造新事物的要求，并将此要求不断内化于创造新事物的愿望，及时掌握现代劳动技能与科学知识，使学生实现从重复性劳动向创造性劳动的跨越式发展。

一、加强大学生创新性思维培养

创造性劳动实践活动是脑力劳动与体力劳动的有机结合，把创新性思维与劳动实践活动融为一体，寻找劳动实践活动中的创新元素，从而培养大学生在劳动创造中的探索精神、创造性思维和批判性思维。对于高校而言，要培养学生的创造性劳动能力，首先要加强学生的创新性思维培养，重点从创造性思维和批判性思维入手，开展创新性劳动教育活动。

（一）将创造性思维培养融入劳动实践活动中

创造性思维不同于常规思维，是人类认知新领域、开创新成果的思维互动，具有独创性、非逻辑性以及灵活性等特点。"创造"是想出新方法，建立新理论，做出新的成绩或东西。"做出新的成绩或东西"是创造性劳动最直观的评估标准。只有劳动者具备了基本的创造性思维，才有可能在劳动实践中不断提升自己的创新能力，产生更新颖、更有影响力的创造性劳动成果；反过来，创造性实践过程又会进一步强化劳动者的创造性思维，不断改善劳动者的创造性思维品质，继而形成良性循环的上升过程。因而在一定意义上可以说，创造性思维是实现创造性劳动的核心要素。

（二）将批判性思维培养融入劳动实践活动中

所谓批判性思维，就是人们综合运用形式逻辑、非形式逻辑以及其他相关技能，对观点、判断、命题、论证、方案等一阶思维进行再思维的方式，其目标是要追求论证的逻辑明晰性和证据材料的可靠性，使人的观念和行为都建立在理性慎思的基础之上，帮助人们作出可靠的决策判断。批判性思维强调重视理性的地位，要求思考者倾向于进行理性评价，并将自己的信念和行动都建立在理性评价的基础上，而其中最重要的就是使用理性进行质疑的能力，在此意义上，批判性思维是创新人才的首要思维方式。批判性思维对理论创新而言具有重要价值，更重要的是，对于创造性劳动能力的提升、高层次创造性劳动人才的培养而言，批判性思维训练还具有重要的实践价值。教师要善于把劳动实践与社会现实以及学生的生活实际、思想实际结合起来，针对教学内容设计若干探索性学习研究课题，通过设置富有启发性、引导性的真实、有意义的问题和难题让学生解答；设置有多种解法的问题让学生思考，设置一些问题答案让学生去争辩或阐释，设置一些问题让学生去联想或进行再创造等。以此来训练学生的批判性思维。

二、加强对大学生创新创业能力的培养

随着人工智能、大数据信息系统等新兴技术不断地影响着人们的生活，劳动形态也随之不断变化，创造性劳动正在成为新时代高校劳动教育的重要特征。在新时代教育背景下，创新创业教育已成为我国高校创造性劳动实践活动的重要载体。高校注重围绕创新创业教育开展劳动实践活动，就是要引导大学生在劳动实践活动中创造性地解决问题，深刻认识与理解新时代创造性劳动的本质，进而促进大学生德智体美劳全面发展。具体而言，就是要鼓励学生积极参加各种创新实践活动，帮助大学生把理论同实际联系到一起，培养大学生的创新创业能力。

第一，引导学生积极参加各种国际比赛、竞赛活动，如奥运会、亚运会、世锦赛等。

第二，鼓励学生在综合性的创新创业大赛中尝试新方法、探索新技术、解决新问题，如"互联网+"大学生创新创业大赛、"挑战杯"中国大学生创业计划竞赛、国家级大学生创新创业训练计划项目等，培养学生的创新精神和实践能力。

第三，引导学生积极参加由教育部等部委主办的各类大学生学科竞赛，如全国艺术体操锦标赛、大学生数学建模大赛、大学生电子设计竞赛、大学生机械设计大赛、计算机仿真大赛、大学生结构设计竞赛、工程训练中心综合能力竞赛、"挑战杯"全国大学生课外学术科技作品竞赛等。

第四，引导学生积极参加由教育厅（教委）主办的各类竞赛，如物理实验创新设计大赛、"飞思卡尔"智能车大赛、化学实验技能竞赛、生物实验技能大赛、土木工程专业结构力学竞赛、美术与设计大展、师范生教学

技能大赛等。

我国高等教育肩负着培养德智体美劳全面发展的社会主义建设者和接班人的重大任务，办好劳动教育，提升大学生劳动综合素质的关键在高校。为有效开展新时代高校劳动教育，高校应协调统一内部的各方力量，构建一个由顶层设计到具体实施的相互衔接、相互配合的劳动教育工作体系，确保学校层面的领导职责到各院系的具体实施职责，从高校劳动教育教师的指导职责到高校学生学习职责的逐步落实。

第三章 劳动精神及其育人模式探索

第一节 劳动精神及其教育价值

学生若要实现全面发展，必然离不开劳动，就劳动过程中凝结出来的劳动精神进行正向教育引导，对学生成长成才有着重大的现实意义。

一、劳动精神与劳动精神教育

（一）劳动精神

1. 劳动精神的含义

"精神"有两个意思，既指人的意识、思维活动和一般心理状态；又指一个人所表现出来的活力，形容活跃、有生气。劳动精神则是指劳动者所秉持的热爱劳动的态度、崇尚劳动的理念及其展现出的积极的人格气质。"热爱劳动的态度、崇尚劳动的理念"体现为对劳动价值的正确认识、对劳动态度的正确认识、对劳动者和劳动成果的尊重和珍惜等；"积极的人格气质"是"热爱劳动的态度、崇尚劳动的理念"在劳动者身上的个性体现，表现为劳动者身上焕发出来的辛勤劳动、诚实劳动、创造性劳动的活力风貌。劳动精神是关于劳动的思想认知和行为实践的集中体现，能够反映出劳动者的思想情感和人格气质。

对于"劳动精神"的理解，应重点把握以下两点。

第一，根据学生身份、特点、问题实际，应该以培养勤俭、奋斗、创新、奉献的劳动精神为基础，为以后走入社会劳动岗位打下基础。学生正处于世界观、人生观、价值观形成的关键时期，可塑性很强，在没有真正进入社会劳动岗位之前，学生也或多或少接触到兼职、社会实践、志愿服务等形式的劳动过程，所以在学校里必须加强学生的劳动精神教育。

第二，要把劳动精神、劳模精神、工匠精神做一定的区分。如果说劳动精神是每一名合格的劳动者基本精神风貌的要求，那么劳模精神便是劳动者中的杰出代表的精神风貌。如果说劳动精神是劳动者的共性，那么工匠精神就是精益求精、追求卓越的劳动者的个性。三者的共同点在于，劳动精神、劳模精神、工匠精神都是通过劳动磨砺出来的精神产物，都是广大劳动者的精神财富。基于劳动精神的基础性，在学生中着重开展劳动精神教育，既符合学生的身份，又能使将来拥有劳动精神的优秀学生成长为行业劳模、大国工匠打下坚实基础。

2. 劳动和劳动精神的关系

劳动精神是人类在劳动中所产生的精神产物和精神财富。在当前社会中，弘扬劳动精神已成为人类劳动活动中不可或缺的需求和必要选择。劳动是人的本性所在，而劳动精神则是每一个人都应该学习和具备的重要精神。对于那些缺少劳动精神的个体来说，他们难以正确认识劳动的价值，也无法尊重和珍惜劳动者和劳动成果，从而难以实现自我发展和独立生存。因此，发展劳动精神教育不仅是人类劳动活动的必然需求，也是社会发展的必要选择。

在社会主义社会中，弘扬劳动精神已成为内在要求。劳动是价值创造的根本，而作为创造者的劳动者则是价值的主体。在我国，人民群众是国家的主人，而工农阶级和劳动人民则是主要的创造者。在这样的社会背景下，对于一切劳动和劳动者我们都应该予以尊重。

（二）劳动精神教育

1. 劳动精神教育的解读

劳动精神教育是指通过教育培养学生积极向上的劳动态度、勤奋刻苦的工作习惯以及独立解决问题的能力。劳动精神教育对学生的发展起着重要的作用。

（1）劳动精神教育鼓励学生树立正确的劳动观念。在现代社会中，劳动被认为是实现个人和社会发展的基础，学生应该从小树立正确的劳动观念。通过劳动精神教育，学生能够明白劳动的重要性，理解劳动的价值，并且主动参与到各种劳动中去。他们将会明白努力工作可以创造更好的生活，并且在未来的职业生涯中更容易取得成功。

（2）劳动精神教育强调培养学生的勤奋和毅力。劳动需要付出辛勤的努力和持续的坚持，这些品质在学生的学习和生活中同样具有重要的意义。通过参与劳动，学生体验到辛勤劳动的过程，才能明白只有坚持不懈地努力才能获得成果。劳动精神教育能够激发学生的工作动力，让他们明白到成功的背后是汗水和付出。

（3）劳动精神教育注重培养学生的团队合作精神。在现实生活中，很少有工作是一个人完成的，团队合作对于一个人的成功至关重要。劳动精神教育可以通过团队劳动活动来培养学生的团队协作意识和能力，让学生学会与他人共同合作、相互配合，发挥个人的优势，达到更好的劳动效果。通过与他人合作劳动，学生能够学会倾听他人的意见和批评，培养相互尊重相互理解的品质。

（4）劳动精神教育强调培养学生的创新和解决问题的能力。劳动过程中常常会遇到各种问题和挑战，学生需要具备独立思考和解决问题的能力。通过劳动精神教育，学生将会培养出锐意进取、勇于探索的品质，面对问题时不轻易放弃，通过创新和寻找解决方案来克服困难。这些能力对学生未来的职业发展和社会生活都具有重要的意义。

2. 劳动精神教育和劳动教育的关系

劳动教育包括了劳动观念树立、劳动精神教育、劳动习惯养成、劳动技能传授等主要内容，是一项综合思想认识和行为实践并重的教育活动。其核心在于培养学生的劳动精神品格。作为劳动教育的重要组成部分，劳动精神教育旨在在劳动观念树立、劳动习惯养成、劳动技能传授的基础上，提升受教育者的思想品质增强受教育者的劳动意志力，达到一种思想境界的提升。

学生在通过劳动接受教育的过程中，劳动精神的培养也是必不可少的。劳动本身需要具备劳动精神，即正确的态度、高度的干劲、坚定的意志和优秀的品格等特质。缺乏这种精神状态的个体不仅无法胜任具体的劳动任务，也不符合当今国家、社会以及时代的要求。

劳动精神体现了劳动者在劳动中积极的态度和高尚的人格气质，是时代精神和民族精神的高度凝练，也是劳动教育的重要价值目标。劳动精神教育作为劳动教育的意识启蒙、关键环节和价值升华，具有重要意义。通过劳动精神教育，学生将逐渐树立正确的劳动观念，培养积极向上的态度，锻炼坚韧不拔的意志，塑造高尚的品格，从而在实践中不断提升自身素质，为社会的发展和进步作出贡献。

二、劳动精神教育的价值

新时代的学生出生于我国经济蓬勃发展的时期，他们在思想和行为上都存在着跟以往学生不同的特征。在思想上，他们自我感强、内心体验敏感，热衷于主动追求新事物，他们喜欢独立思考问题，不想被约束。要根据这群学生的特点进行劳动精神的培育，让他们树立劳动意识，转化为实际的行动。要通过劳动精神的培育使学生的劳动素养提质升级，培养出适应国家各领域全面发展的人才，从而助力实现社会发展。

（一）促进社会主义现代化国家建设的客观需要

新时代以来，党中央以非凡的政治魄力和坚定的理论自信提出了中国梦的概念，也就是全面建设社会主义现代化国家。这一宏伟目标除了要靠科学合理的规划外，也离不开人这一能动要素的积极发挥，人时刻需要精神的鼓舞才能有持续的执行状态。而劳动精神实现了劳动与精神的合二为一，能够及时补充个人的精神食粮，能够让人时常处于一种亢奋状态，能避免人的实践行为出现断层。

1. 实现复兴强国伟业的客观需要

劳动精神来源于实践，最终也会引领并激励人们在实践中创造出更有价值的事物。因此要实现这一远大目标需要每一位劳动者以激昂的热情投入，需要更多的实干家、技能家的涌现，需要劳动精神的强力支撑。而学生是未来国家振兴的生力军，这就要求他们树立建设意识、复兴意识，主动作为，自觉扛起实现民族复兴的重担。

学生需具备崇尚劳动的精神。必须先让崇尚劳动的精神入驻学生的内心，让其思想领域具有劳动精神的概念，促使其劳动意识的觉醒。才能进一步助力国家的发展。在新的历史条件下加强对学生劳动精神的培育，既能激发广大学生学习劳动理论知识和劳动技能的热情，也能使他们具备较高的劳动素养，让他们在日常生活中能够明白劳动才是最终实现人生梦想和价值的途径，从而树立劳动创造一切的理念。

热爱劳动使得学生对劳动产生持久的态度，加深他们对自身职责的强烈认同感和自我身份的认同感，能够把实现中华民族伟大复兴当作自身的一份职业去珍视和守候。能够鼓舞每位学生为民族的建设持续发力，让他们满怀激情地投入到实现中华民族伟大复兴的浪潮中去，为其出谋划策、尽心竭力。能够让他们明白自己作为国家建设的后备军更应该通过奋斗为自己的人生增添亮丽的底色，用行动来证明自己与国家是血脉相连的统一体，而不是彼此孤立的个体。

2. 推动民族富强昌盛的客观需要

我国社会主义的现代化是全方位的现代化，需要稳扎稳打、步步为营，它离不开每一位劳动者的辛勤劳动。每个人都需要将对美好生活的追求和远大梦想的实现付诸实际行动，在劳动中实现价值、创造幸福生活。只有辛勤劳动才更能体现人的执行效果，如此既体现在认识上对劳动的尊崇，又体现为在意志的支撑下对劳动自觉付出。辛勤汗水、实干兴邦是中国现代化道路的力量基石。任何设想和目标都必须要跳出思想的牢笼上升到执行层面才能体现它的效果。辛勤劳动保证了一切主张的最终践行，它进一步强化学生"干"的意识，厚植学生"动"的情怀。

学生需要树立诚实劳动的精神，需要时刻保持谦卑、虔诚的心态，不得弄虚作假。这就要求学生要勤恳诚实地劳动，保证各项劳动果实都是真实的、合法的。因为劳动成果只有合法化、正规化才能为国家下一阶段计划的展开奠定基础，能够促进发展的延续性和创造性。诚实劳动让经济运行、文化发展、生态复苏等都处在一张安全网的严密保护之下，从而使我国的各项发展能够井井有条地进行下去。

（二）促进学生德智体美发展的内在要求

劳动精神能够促进学生德智体美的发展，从而为学生全面发展奠定基础。劳动实现了人的发展和社会的进步。随着人类运用生产工具的逐步成熟，人类对自然的改造程度逐步增强，他们逐渐摆脱力量的束缚，成为能随时随地支配自己的自由人，为人能够发展各方面的能力奠定了基础。劳动精神也应该发挥它的独特价值，它是培育学生"魂"的利器，促进学生精神观念的全面升级，可以使他们的德智体美逐渐得到发展，才能为进一步实现学生的全面发展提供有力的动力转换。

1. 增强学生品德和智力的需要

劳动精神教育与劳动教育具有目标上的一致性，均是对人劳动积极性的引导和调动，通过培育劳动精神，可以促进学生生成强烈的劳动思维，提升参与劳动的自觉性，激发学生的劳动动机，进而落实劳动行为，最终促进学生各方面的发展。

新时代的劳动精神教育要把握科学的育人导向，要坚持在学生劳动认识的提升、强化劳动意识等方面做足功夫。因为思想具备了，才能促成行为的实现，要想促成学生的劳动行为，必须要让学生具备劳动精神，只有具备了劳动精神才能顺利开展下一步的全面发展任务，因此劳动精神教育成果的好坏就很关键。劳动精神是劳动教育的重要内容，对于学生而言，全面发展是包括德智体美劳的全面发展，新时代的人才培养目标也相应地发生了变化，新时代要加强对学生劳动精神的培育，要把他们培养成德智体美劳全面发展的人才。

劳动精神的培育使学生能够不断培养自身的综合素质，使自身越来越接近全面型人才的目标。首先，以劳树德。劳动精神的培育可以锻炼学生的优良品质，养成尊重劳动、热爱劳动的宝贵品质。学生在劳动中逐渐树立起劳动观念，并且在劳动中不断克服挫折，意志变得更加坚定。其次，以劳增智。劳动精神的培育能够通过劳动精神教育使学生的思维更加积极活跃，对提升学生的智力很有帮助，可以引导学生从劳动中发现问题、思考问题，从而激发学生的学习兴趣，探寻生命的奥秘，还能锻炼学生的生活技能，从而发掘学生自身潜力，促进学生智力的提高。

2. 提升学生体质和审美的需要

通过劳动精神教育可以提升学生增强体质。通过劳动精神教育能够使学生在劳动实践中促进学生各个器官的发育和成长使学生增强对各种疾病的抵抗力，保证他们有充沛的精力。

为了保证学生体质的健康，劳动精神教育是必不可少的。

首先，通过劳动精神教育强化了学生的运动意识，使他们的运动量得到了增加，即便某些学生仍然不愿意劳动，但是迫于家长、学校的压力，他们也会走出室内进行劳动，在此过程中能促进他们代谢的加快，锻炼学生的体能，提高学生身体素质。

其次，通过劳动精神教育可以提升学生的健康水平，逐步改善他们身体的亚健康状态。通过劳动精神教育让学生受到鼓舞，可以让肌肉骨骼得到锻炼发展，增大肺活量，促进心脏的发展，通过劳动也可以调节脑力活动，促进学生脑部神经系统的发展，有利于消除繁重学习带来的压力和负担，对学生的心理健康有重要的促进作用。长此以往学生不仅体能得到了增强，而且心理承受能力和个人心理素质也会增强。

通过劳动精神教育让学生的审美能力有所增强。劳动精神的培育能够让学生在劳动过程中提升对美的认识能力，人在劳动中通过感官接触周围千姿百态的事物，从而获得一种美的体验，人类通过劳动来改造周围的世界是合规律和合目的性的，正是这种处事方式促使人走向自我解放和发展。

美并不是抽象的，美藏匿于世间各个角落，美始终处于流动的状态，劳动之美贵在体验之美，由于美是被感受出来的，所以劳动者获得的是一种视觉美、生理上的运动美、心理上的愉悦感受。在这个美的获得程式里，劳动本身是产生美的原因，也就是说正是劳动使得人类获得了身体和精神上的富足，在劳动过程中，人类既能享受各种劳动形式的体验之美，还因劳动创造殷实的劳动成果而产生一种获得之美，从而更加积极地认同劳动。这种美可体现为收获某种成功后的满足感，在劳动过程中作了某种革新后的创造感，在于对集体履行某种责任而升腾的价值感，在于收获劳动成果后生出的获得感，进而从中挖掘劳动之美，提升他们欣赏美的能力。

（三）提升新时代学生劳动素养的内在需要

学生的劳动素养体现了一个人在劳动方面的各项能力。劳动素养既包括劳动技能这样的外在素养，也包括劳动价值观、劳动品质等内在素养。劳动精神属于劳动意识和劳动价值观等观念上的东西，因此解决好学生劳动精神教育问题利于促进学生劳动素养的提升。劳动精神属于劳动素养的组成部分，提升学生的劳动精神有助于促进其劳动素养的发展。劳动素养是指对劳动内涵的深刻理解、对劳动价值的科学认识、对劳动知识、技能的熟练掌握以及与劳动相关的优良品质的集合。

1. 满足学生劳动意识和劳动价值观提升的需要

通过劳动精神教育能促进学生劳动意识的形成。劳动意识体现了个人在劳动过程中对待劳动的自觉能动性，对待劳动、劳动人民、劳动成果的感知性和选择性。劳动意识的强弱决定了学生劳动主观能动性的发挥程度，通过培育学生的劳动精神能够切实增强他们的劳动意识，从而进一步激发学生参与劳动的热情和积极性。

诚实劳动精神能够增强学生守信意识、诚信劳动的观念，能教育学生珍惜劳动成果、尊重劳动者，不窃取他人合法的劳动成果，从而能够诚信合法的劳动。具备热爱劳动等劳动精神能动员学生参与各种志愿服务、义工组织，培养学生的实干的精神，能够进一步提高他们为社会的奉献意识和责任感。

通过劳动精神教育能促进学生劳动价值观的提升。劳动价值观是人们对劳动的某种看法和观点。正确的劳动价值观在于能够认同劳动，尊重劳动，承认劳动创造一切的意义，具备崇尚劳动等劳动精神就是对劳动重要性的高度认可。劳动精神是一种高尚的精神品质。通过培育热爱劳动的劳动精神可以培养学生不怕艰难、乐于奉献的崇高品质，能够增进他们的劳动感情，使学生能够更加热爱劳动，落实劳动行为，强化劳动的持久性；有利于避免学生逃避劳动等错误劳动观念的产生，帮助学生正确认识到各行各业的劳动只有形式的不同而没有地位的不同；崇尚劳动的劳动精神体现了劳动创造历史的伟大，能让学生明白劳动具有创造历史的本源性价值和具有创造财富的经济性价值，以促进他们摒弃不劳而获、少劳多得的不良观念和行为。

2. 强化学生劳动知识与技能学习的需要

崇尚劳动、热爱劳动等劳动精神能够激发学生对各种劳动知识与技能的学习。劳动知识与技能包括各种劳动理论知识、专业劳动知识以及劳动法律知识，决定了学生以后能否胜任各种专业岗位的劳动能力和素质。

通过培育劳动精神，能够激发学生学习劳动技能的兴致和激情，不仅能够丰富他们的知识素养，也为以后他们能够胜任不同的劳动工作打下坚实的基础，也有利于提升他们在劳动过程中对知识和技能的运用，对劳动技能、知识的运用还能启发他们的灵感，培养他们的创造、创新思维。劳动精神可以激发学生将所学的劳动知识与技能转化为改造事物的专业技能，专业技能则需要在各种实践活动中反复操练才拥有，每一种劳动知识与技能只有在专属的研究范畴和特定的实践活动中才能发挥用武之地，而在具备劳动知识与技能的基础上，也具备了成为专业人才的基本条件，拥有了在生产和服务中体验各种劳动形式的机会，进一步感受劳动创造价值的重要价值。

通过培育劳动精神，能够激发学生的创新能力。热爱劳动让学生满怀兴致地投入到劳动知识与技能的学习，还能开阔学生的思维，让已有的劳动知识活跃起来，调动起学生创新知识的积极性，引导学生发现、发明人类尚未拥有的新事物和新价值，主要表现在技术、产品、方法、理论等方面不断实现质的突破。

第二节　劳动精神教育目的、原则和内容

给学生开展什么样的劳动精神教育，是回答"培养什么人"这一问题的关键环节。为了避免学生劳动精神教育陷入"指向不明"或"无所适从"等问题中，为了结束劳动精神教育的这种空白和低谷状态，我们首先要明

确劳动精神教育的目标、原则和内容，这是开展劳动精神理论教育和学理教育的基础工作。

一、劳动精神教育的目的

劳动精神教育旨在培养学生正确的劳动观念、积极的工作态度和勤奋的工作习惯。其目的是使学生具备创造力、团队合作精神和社会责任感，从而促进他们的全面发展和为社会做出贡献。

首先，劳动精神教育的目的是培养学生正确的劳动观念。在现代社会中，劳动不仅仅是谋生的手段，更是一种价值追求和自我实现的途径。劳动精神教育通过传授正确的劳动观念，使学生认识到劳动的尊严和价值。他们应该明白，劳动不仅能够实现个人价值，还能为社会做出贡献。这种正确的劳动观念包括尊重劳动、热爱劳动、诚实守信等，通过培养这些正确的价值观，可以使学生在学习和工作中更加积极主动、勤奋努力。

其次，劳动精神教育的目的是培养学生积极的工作态度。工作态度是一个人对待工作的态度和情感表现，它直接影响着其工作效率和工作质量。劳动精神教育通过引导学生树立正确的工作态度，激发他们的工作激情和责任感。在培养积极工作态度的过程中，劳动精神教育注重培养团队合作精神、积极面对挑战、勇于创新等素质。这样，学生能够克服学习和工作中的困难和挑战，始终保持积极向上的态度，追求卓越的学业成绩和工作表现。

劳动精神教育也旨在培养学生勤奋的工作习惯。勤奋是成功的基石，只有通过勤奋的工作才能取得优异的成绩。劳动精神教育通过强调努力工作的重要性，培养学生的勤奋意识和工作习惯。勤奋的工作习惯不仅包括努力学习和完成学业任务，还包括主动参与实践活动、积极锻炼身体等方面。这样，学生能够充分发挥自己的潜力，不断提高自身能力，为未来的学习和工作打下坚实的基础。

另外，劳动精神教育的目的也包括培养学生的创造力和创新思维。劳动不仅是简单的重复性的劳动，更需要学生具备创新能力和创造精神。劳动精神教育注重培养学生的观察力、思考能力和问题解决能力，培养他们独立思考和创造的能力。通过开展实践性的劳动活动，如手工制作、实验研究等，激发学生的创造力和创新思维，培养他们面对问题时主动思考并找到解决方案的能力。

总之，劳动精神教育的目的在于培养学生正确的劳动观念、积极的工作态度和勤奋的工作习惯。通过劳动精神教育，学生能够形成正确的价值观，培养积极向上的工作态度，养成勤奋的工作习惯，并培养创造力和创新思维，从而为他们的全面发展和社会进步奠定基础。

二、劳动精神教育的原则

劳动精神教育的原则是指在开展学生劳动精神教育过程中所遵循的基本准则和指导方针，这些原则旨在确保劳动精神教育的有效性和可持续性。

第一，实践导向原则。劳动精神教育应以实践活动为基础，引导学生通过亲身参与劳动实践，体验劳动的意义和价值。学生可以参与学校内外的劳动项目，如校园环境整治、义务劳动等，通过亲身实践和实际工作，培养劳动习惯和工作技能，提升实际动手能力和解决实际问题的能力。

第二，综合素养培养原则。劳动精神教育应注重培养学生的综合素养，包括知识、技能、态度和价值观的全面发展。劳动精神教育不仅仅注重学生的劳动技能培养，还注重培养学生的创新能力、团队合作精神、沟通能力等综合素养，使他们在未来的学习和工作中能够全面发展和应对各种挑战。

第三，个性发展原则。劳动精神教育应充分尊重学生的个性差异，注重学生的个性发展。不同学生在劳动中有不同的特长和兴趣，教育者应根据学生的兴趣和特长，为他们提供相应的劳动项目和机会，激发他们的积极性和创造力，从而促进他们在劳动中的个性发展。

第四，激励引导原则。劳动精神教育应注重激励和引导学生的参与和积极性。通过及时给予肯定、奖励和鼓励，激发学生对劳动的热情和投入，增强他们的责任感和自我价值感。同时，教育者应给予适当的引导和指导，帮助学生建立正确的劳动观念和工作态度，引导他们在劳动中不断追求卓越。

第五，社会实践原则。劳动精神教育应与社会实践相结合，使学生能够了解社会的劳动现实和需求。通过参观企业、社区服务等社会实践活动，学生可以深入了解不同行业的工作内容和劳动条件，增强对劳动的认识和理解。同时，社会实践还能让学生增强社会责任感，培养他们为社会做出贡献的意识。

第六，持续性原则。劳动精神教育是一个持续性的过程，应长期而有计划地进行。教育者应制定长远的劳动教育计划，包括定期的劳动活动和培训，确保学生在学习过程中能够持续接受劳动精神的教育。此外，教育者还应定期评估和反馈学生在劳动中的表现，以及教育效果，并且不断改进教育方法和内容。

综上所述，劳动精神教育在以学生为主体时应遵循实践导向原则、综合素养培养原则、个性发展原则、激励引导原则、社会实践原则和持续性原则。这些原则的贯彻可以有效地促进学生的劳动精神培养，使他们形成正确的劳动观念、积极的工作态度和勤奋的工作习惯，为个人的全面发展和社会的进步做出贡献。

三、劳动精神教育的内容

劳动精神教育内容的设计应以学生为主体，旨在培养学生正确的劳动观念、积极的工作态度和勤奋的工作习惯。

（一）劳动价值观的培养

劳动精神教育的重要内容之一是培养学生正确的劳动价值观。教育者可以通过讲解劳动的意义和价值，引导学生认识到劳动的尊严和重要性。学生应该明白，劳动不仅仅是为了谋生，更是实现自我价值和为社会做贡献的一种方式。教育者可以通过讲述劳动者的成功故事、组织参观企业等方式，让学生亲身感受到劳动对社会发展的贡献，从而激发他们对劳动的热爱和尊重。

（二）劳动技能的培养

劳动精神教育还应注重培养学生的劳动技能。学生可以参与各种劳动实践活动，如手工制作、农田劳作、社区服务等，通过亲身实践和实际工作，掌握相应的劳动技能。教育者可以组织通过技能培训班、开展技能比赛等，帮助学生提升实际动手能力和解决实际问题的能力。这样，学生能够在学习和工作中更加自信和独立，为将来的职业发展打下坚实基础。

（三）团队合作的培养

劳动精神教育应注重培养学生的团队合作精神。在劳动中，学生需要与他人共同完成任务，这就需要他们具备良好的团队合作能力。教育者可以通过开展团队合作项目，如集体劳动、团队竞赛等，引导学生学会与他人合作、协调沟通，并培养他们的集体荣誉感和责任感。这样，学生能够在团队中发挥自己的优势，共同完成劳动任务，实现更大的价值。

（四）创新思维的培养

劳动精神教育还应注重培养学生的创新思维。劳动不仅是重复性的劳动，也需要学生具备创新能力和创造精神。教育者可以引导学生在劳动中发现问题、思考解决方案，并鼓励他们尝试新的方法和创新的思维方式。例如，在手工制作过程中，教育者可以鼓励学生设计和创造自己独特的作品，培养他们的创造力和创新思维。这样，学生就能够在劳动中展现自己的创造力，并能够应对未来面临的各种挑战。

（五）社会责任感的培养

劳动精神教育还应注重培养学生的社会责任感。学生需要认识到自己在劳动中所承担的社会责任，明白自己的劳动对社会产生的影响。教育者可以通过组织社区服务、环保意识教育等活动，让学生亲身体验到自己的劳动对社会和环境产生的积极影响，激发他们的社会责任感和公民意识。

综上所述，劳动精神教育在以学生为主体时应突出培养学生的劳动价值观、劳动技能、团队合作精神、创新思维和社会责任感。通过这些内容的开展，学生能够树立正确的劳动观念，培养积极向上的工作态度和勤奋的工作习惯。

第三节　劳动精神育人的实践路径

新时代的学生更加注重学习与学习目的个性化、学习方式多样化、学习内容跨领域、学习指导需求差异化等，面对学生劳动精神教育方面的问题，培育者要想妥善地处理好学生劳动精神教育中存在的不足，增强学生劳动精神教育的实效性，就需要极力塑造培育主体、丰富培育内容、改进培育方式、营造良好的培育环境来共同开辟符合新时代学生劳动精神教育的新途径，唯有如此才能使学生更好地学习和践行劳动精神。

一、加强学生对劳动与劳动实践关系的认识

学生自身的劳动知识理论、劳动技能水平、抵御错误劳动思想的能力以及内化劳动精神的水平均会影响培育的实效性。新时代的劳动精神要注

重价值层面的合理引导，要精准把握劳动精神教育的基本价值方向，引导学生在具备正确劳动观的基础上践行劳动。只有要求学生要从思想理念入手清除原有的错误劳动精神观念，同时学生要构建新的劳动精神认知理念，加强理论学习，强化自我认知，主动践行，与教师进行教学互动，才能深化对劳动精神的认识。同时新时代劳动精神教育必须遵循培育规律、学生成长规律，要结合学生的年龄特点开展劳动精神教育。要求教师要注重思维转变，还要身体力行、投身实践，着力提升劳动精神教育的自觉性。

（一）深化学生对劳动理论知识的学习与运用

要想稳步推进学生劳动精神教育和践行工作，学生应该从理论武装、学习新思想上入手来补足劳动精神的相关理论。具备扎实的劳动理论知识是学生抵制各种不良思潮，树立科学的劳动精神，进而转化为劳动实践的必要前提。

第一，从史论结合的视角，从国家的发展、文明的演进、科技文明的发展等入手引出劳动在其中所起的重大作用。历史的纵向感能更容易让学生理解劳动精神。比如古罗马文明的兴衰、世界文明的发展、社会主义的百年发展历程，古代中国官吏制度、科举制度的演进，中国共产党在不同历史时期的奋斗史和发展历程，在重大灾害面前国内外人民的众志成城、同舟共济，从而深化学生对劳动推动历史发展、劳动创造世界独特价值的洞察和认识，增强他们的劳动理论素养和劳动历史素养，让其明白贪图享乐、注重金钱等是无法实现个人和社会的永续发展，进而激发学生的劳动认同感。

第二，从人才发展和社会需求的视角，注重学习和了解当下劳动领域的发展。学生要了解劳动精神的新政策、新思想，以及丰富的劳动就业岗位信息，展现新时代不同的劳动产业形态、劳动新业态、劳动新技术等新变化，从而为自己以后择业提供必要的信息，自觉树立通过劳动追求幸福的价值观念；要了解劳动形态的新发展。

（二）主动构建身体与知识的关联

知识的有效转化离不开人的参与，理论本来就来源于各种实践研究，理论的运用要在具体的操作中进行，身体是发挥我们个人主体能动性的主要场所，身体为我们提供了一个体验外部世界和适应各种环境的场所，我们对世界的理解、对历史的探索由身体这一中介连接实现，具体而言就是由个人身体通过实践的纽带而被引入世界。以前人们认为理论知识是对世界奥秘的总结，具有客观性、中立性的特征，人们经常会将理论知识过度神圣化。

现代的知识观强调知识的开放性、包容性等特点，更加突出知识的更新与转化。在劳动精神的学习过程中，学生不能局限于教师在课堂上传授的劳动精神知识，而是要利用生活场景在劳动实践中感受自身已有的劳动精神知识，还要打破教师以前预设的知识体系，在亲身践行的过程中要大胆联想、联系生活，在立足劳动精神基本知识的前提下，构建属于自己的劳动精神知识谱系，不仅可以深化对劳动精神的理解，也在无形中践行了劳动，领略了劳动精神的神奇与伟大。因为此时的劳动精神不是藏在书里的纯粹理论，也不是隐藏学生内心的信条，而是学生身体力行后的新发现。

因此，学生要通过多次的临场体验、亲临蕴含劳动精神因子的现场，比如运动场、生产车间、义工所等来体会知识的迁移和转化，最终实现知行合一的效果。要从具体的劳动体验中，整合身心，去找寻生命的奥秘，去追寻自己感兴趣的知识。

要从积极的劳动中放开自我全身心去考察事物，思考劳动精神与自身发展的紧密关联，对劳动精神产生深刻的领悟，从而达到身心合一的境界。要推动劳动与专业融入社会，破除学生坐而论道的问题，强化知识的转化能力，要通过各种沉浸式、体验式活动获得理论知识和对所学专业的认同感，还要顺应时代发展态势，要结合最新的劳动技术前沿革新敢于提出新知识，补充劳动精神的内涵，使得劳动精神得到升华。

二、增强教师对劳动精神教育的认识与实践水平

现实是理论的之源，人应该在实践中证明自己思维的真理性，教师应主动投身实践，新时代的劳动精神教育指出了每位教师都要强化劳动意识，努力提升实施劳动教育的自觉性，要从实践中探索提升学生劳动精神教育的良方，通过实践强化劳动精神教育的重要性，教师教育实践要在教育教学实践和教育科研实践上下足功夫，除此之外还有转换教育理念和树立科学思维提升劳动精神教育规律的精准认识和把握。

（一）树立科学思维，提升培育效果

思维方式体现了个人处理问题的思考方式，新时代劳动精神教育要想取得实质性的提升，就必须从更新陈旧的思维方式入手。现代教育注重讲

求开放性和灵活性，思维的创新才能最终促进培育方式的创新。

教师要树立系统思维，要注重劳动精神教育要素的宏观性、系统性和联系性，要看到劳动精神教育是一个涉及培育目标、培育对象、培育内容等多方面的工程，要从现实出发合理选用这些要素，并且要注重培育要素的组合是否合理，劳动精神内容之间是否协调和匹配。比如劳动精神内容的顺序安排是否合理，哪个应该优先考虑，进而实现培育的最优。

教师要树立发散思维，发散思维具有多变性、变通性特征，能够随时适应出现的新事物。劳动精神教育要求教师要准确判断新时代学生的特征，然后灵活选取培育目标、培育内容等，尤其是能将新时代反映劳动精神特征的劳动精神新动态与深奥的劳动精神内容巧妙地融合，也能够合理选用合适的劳动精神素材，比如介绍火药史等是对崇尚劳动的生动体现；而介绍企业家精神则会涉及诚实劳动精神等。更要善用那些貌似和劳动精神无关的事物，比如教材中出现宇宙飞船字眼，教师能由此充分联想为学生们呈现出一幅我国航天事业的艰辛发展背后是辛勤劳动、热爱劳动等劳动精神的支撑。

教师要树立辩证思维，看到劳动精神教育与其他教育之间的关系，要从比较中找到它们的共性。要合理借鉴其他教育的培育载体、培育方式，比如学生奋斗精神培育和劳动精神教育都可以选取新时代奋战在各个领域的劳模作为榜样，让学生认识到奋斗和劳动均体现了崇尚劳动、辛勤劳动的劳动精神，让学生在无形中深受感染和启发，切实提升培育的实效性。

（二）转换教育理念，提升教学质量

新时代的学生勇于创新，乐于探究新鲜事物，相比以往的学生具有更强的创新精神与挑战魄力，要求新时代的培育者要不断开阔自身的知识视野、国际视野、历史视野，不断更新教育理念，从人生发展高度出发，拓宽学生视野。

现代教育理念以人发展的全面性、完整性为导向，以素质和能力的提升为核心，因此教师应该树立以人为本、开放性、创造性等现代教育理念，使劳动精神的内容能够更加全面、多样、科学和富有创造性。现代教育理念是为了适应现代教育而产生的先进理念，教师要逐步摆脱原有的被动式、单一式的教育理念，善用新理念来提升劳动精神教育效果，使劳动精神教育内容得到丰富和完善。

教师要树立以人为本的教育理念。立足学生的培育需求，弄清楚学生与劳动精神的关系，明白劳动精神能够满足学生的哪种需求。培育者要引用一些围绕与学生相关的劳动精神素材拓展培育内容。比如适当引入学生在运动场上拼搏、奋斗的激情；学生参加创新创业大赛背后付出的努力等，通过展示学生这种力量和禀赋的发挥，从而引出劳动精神无处不在的人生哲理，这种个人价值的发挥容易让学生感同身受，能让他们认识到的确是劳动精神释放了个人的力量和潜能。

教师要树立开放性的教育理念。现代社会早已不是过去那种狭隘的封闭空间，教师讲述内容时要逐步摆脱以往封闭式教育的束缚，不能单纯依靠教材上的现有的劳动精神知识，应保证培育内容的开放性。

教师要树立创造性的教育理念。创造性教育理念要求教师创新劳动精神的内容，注意随时根据现实情形为劳动精神注入新鲜血液，要实现劳动精神内涵和外延的不断拓展，更要做到随机应变结合已有的培育内容创设不同的劳动情境等。

（三）提升教师劳动精神的教学实践能力

教师要主动投身劳动精神教育教学实践。劳动精神的培育主要是通过课堂这个主阵地来完成，教师应该将劳动精神引入课堂，拉近劳动精神与学生的距离，加深学生对劳动精神的认同感。通过契合学生认知规律的典型人物的情境素材，以"点—线—面—体"的主体情境内容扩展与架构，能够引领学生有效参与，走进人物内心，从而引导学生有效参与课堂。因此要将体现劳动精神的培育素材引进讲堂，并努力融入课堂，帮助学生通过接触鲜活的事例熟悉劳动精神的相关内涵，比如可将歌颂劳动人民、颂扬新时代的建设者的相关素材引入课堂，然后将劳动精神的有关内容通过巧妙的语言、生动的感情等融入其中，使他们自觉树立服务他人、服务社会的情怀。要开展讨论式教学，教师可利用学校提供的各种资源优势设立"大国工匠""我与劳模"等有关劳动精神的主题课程，通过问题引入展开讨论，从而使学生体会到劳动伟大，劳动改变人生，劳动不分贵贱的道理，懂得拼搏、奋斗、奉献的精神。

另外，教师还要具备强大的教学技能，教学技能是教师素养和能力的有力彰显。一名优秀的教师往往能通过灵活巧妙的方式将晦涩深奥的理论转化为学生能够理解的浅显易懂的生活化语言，同时还可以拉近师生关系。

劳动精神的培育侧重于对一种价值理念、思想观念、精神气质的培育，比较抽象，因此教师须提升自身教学技能，使劳动精神这一抽象的概念最终内化为学生的精神品质。教师要虚心请教优秀的老师，要常常听课、评课，在与别人的交流切磋中提升自身的教学能力，通过日积月累地观察学习和总结劳动精神教育的方法和经验。还要注重培育目标的合理衔接，针对不同年级的学生特点和兴趣，按照平稳上升、逐步推进的原则合理选择适合各年级的培育内容，同时避免教材内容的雷同、断层、凌乱等问题。要注重细节，以精细化的教学管理使学生学到高水平的劳动精神成果，在教学过程中要从学生的眼神、回答等方面看出学生对劳动精神的学习掌握情况，提高劳动精神教育的精细化。

（四）加强教师劳动精神科研实践水平

教师要投身教育科研实践，教师是教学领域的"研究员"，要时刻带着问题去处理劳动精神教育遇到的问题。教师面对的是一群个性突出、充满活力的学生，所要传授的知识也是不断变化的，教师应该根据变化的形势及时整理、思考、分析、总结自己的工作。通过教育科研实践，教师可以全面、系统地了解学生劳动精神教育的有关问题，能够根据问题找出背后的规律，不断提升自己的劳动理论水平和教育质量。开展教育科研实践要按照一定的步骤进行，包括发现问题、探明情况、反思总结、实践验证。

第一，发现问题。教师是学生学习的答疑者、解惑人，要在与学生的接触中发现劳动精神教育面临的问题，并分析其背后的原因。

第二，探明情况。探明情况就是通过搜集相关资料、询问专家等方式关注当前学术界对劳动教育、劳动精神教育的最新研究动态，获得对劳动精神教育情况的大致了解，从而了解当前研究的进展和局限。

第三，反思总结。这一步就是要将搜集的有关劳动精神的研究资料进行分析，找到当前学界研究劳动精神教育的共性问题并尝试给予解答和完善。

第四，实践论证。通过对前期工作的搜集、分析和思考，教师要将自己劳动精神教育方案撰写成论文或者研究报告，然后在实际的教学过程中加以对比看是否合理。

通过缜密的研究再加上具体的操作，能够真正实现理论与实践的结合，这样教师对劳动精神教育工作的认识才会更深入和透彻，开展起来才会更具实效性。

三、鼓励多方主体，协助劳动精神教育

学生劳动精神教育需要多种力量介入共同发力，因此要充分发挥学校、社区、企业、政府部门等各主体的作用。具体来说要通过观念引导、健全有关制度、提供丰富资源、合理安排课程等方式共同推动劳动精神教育的顺利开展。

（一）动员社会主体，提供劳动精神实践资源

社会上具有丰富的劳动资源、取之不尽的劳动教育素材，多样化的劳动精神教育形式，这些都为学生劳动精神教育工作的有效开展提供帮助。社会可为学生提供相对稳定的劳动实习、实践基地，充分发挥学生自身专业优势，具体包括各种日常性的实践基地、社会生产型实践基地和以服务为导向的实践基地。

企业要打造优质实践基地，为劳动精神教育工作提供必要保障。企业要为学生提供真实的劳动精神体验场景，让学生亲临生产车间，观看生产流程，了解工人们的工作、生活，强化学生的生产劳动意识；企业要为学生提供相对较多的实训基地，要按照不同年级、不同专业进行劳动实践，让学生在具体的实训中不仅感受到所学专业知识的神奇精妙，还能感受到实习带来的劳动体验感，培养学生热爱劳动的劳动精神。

社区组织要为学生提供各种服务劳动，要通过引导学生当志愿者、打扫墓地等方式培养和提升他们的社会参与意识。社区通过各种提供服务性劳动实践基地，能让学生广泛参与各种社会服务工作，在扶助孤寡老人、保障失业人员就业、改善残疾人生活等工作强化服务意识、增强社会责任感。学生通过参与居委会工作、图书馆策划阅读工作、在超市做义工和义卖等逐步认识到任何工作都是劳动的付出，都必须具备辛勤劳动、热爱劳动的精神。学生在这些社区服务中既学到了各项技能，也强化了劳动意识、志愿意识和奉献意识。

政府也要加大资金支持，积极拓展劳动实践场所。要建立一批草场、农地、果园等作为学生劳动体验的实践基地，要划定一批工矿企业作为学生的实践基地，逐渐辐射和推广。让学生在走访乡村、亲临工厂、接触农民的过程中建立人与人之间的和谐，培养正确的劳动价值观，感受劳动精神与自然的融合。

（二）提升政府的制度化建设

各级政府要为劳动精神教育工作提供制度保障，应尽快探索出台劳动教育的相关政策，要尽快落实，推动建立劳动教育的长效机制。

国家应把学生劳动精神教育纳入制度建设轨道，通过制定规划，确保劳动精神教育工作能够长久地被固定下来。政府和教育行政部门也要在坚持国家相关教育政策精神的指导下，科学研判，精细规划，多次进行验证和实践，证明其合理性和可行性，继续完善劳动精神教育方面的政策法规，切实增强学生劳动精神教育政策的科学性和权威性。

国家要建立劳动精神规范化机制，要加快课程、教材、教具等的研究和开发工作，注重劳动精神教育的基础能力建设，不断促进劳动精神教育的规范化和标准化；要建立大、中、小学劳动精神教育贯通机制，使得劳动精神教育工作能够连成一条线，保证学生能够时刻接受劳动精神的熏陶和感染，从而促进马克思主义劳动观、劳动哲学观、诚实劳动精神等在学生的内心扎根；要建立劳动精神学习认同机制，要将国家的劳动精神故事，学生身边的劳动精神故事、劳动成果等进行精准化的讲解和宣传，以鼓舞学生的劳动斗志。另外政府还要建立劳动精神安全预防隐患排查机制，要科学评估劳动精神教育过程中可能存在的各种隐患，制订劳动精神教育风险防控方案，完善应急处理机制，为劳动精神教育的顺利开展保驾护航。

（三）科学设置劳动精神课程

课程是实施劳动精神教育的重要形式，也是实现教育目标的基本保证。要依据国家政策和要求，合理规划和设置，丰富劳动精神教育的课程体系。

一方面，结合地区特色设置劳动精神专业课程，将劳动精神课程划定位为一门必修课程，并设立具体的学分、考核标准，具体可以设立为不同模块的劳动精神专业课，包括劳动理论课、劳动技能课、劳动经济哲学课等一系列"劳动+"课程。同时学校也要考虑学生的个性特征、兴趣爱好，做到既凸显时代性又能兼顾学生的不同需求。

另一方面，设置劳动精神融合课程和劳动精神实践课程。劳动精神教育课程不能仅仅只依靠劳动专业课程，其他课程也应该发挥培育功能。要打造劳动精神专业课程与其他专业课程相融合的全方位育人格局，具体做法包括将劳动精神教育与专业课程、选修课程相融合，并且将各种劳动知识与技能、劳动法律等适度融入，引导学生能够随时了解劳动精神，随时更新自己对劳动精神的认识。

劳动精神实践课程是深化理论教学的重要途径，能够让深奥的理论知识通过实践具象化到学生面前，通过实习、实验等方式来提升解决问题的能力，实验侧重于理工科方面的学生，主要是对理论、原理等的具体应用和操作；实习就是理解自身专业、践行专业知识和技能、熟悉专业设备的必要途径，有助于学生了解与本专业有关的内容、对所需人员能力和素质方面的要求，因此学校要加强与职业院校、企业的合作，对于职业院校而言，可以相互提供实验室、展览馆、体验馆等，实现实践场地的互补；对于企业而言，企业有能力为学生提供各种实习资源，在具体实习过程中学生加深对劳动精神理论知识的熟悉与掌握，尤其像人工智能、生物工程、芯片设计、航天科技等学科的学生必须依靠企业来为他们提供必要的实习实训基地。

（四）强化学校相关管理部门的协调实施力度

学校管理者要充分认识到劳动精神教育的重要性，能够利用会议传达或者制定规章制度等，向学校各级有关部门传达劳动精神的重要指示。要想做好顶层设计，就要从宏观上做好劳动精神教育的战略规划和全局化设计，找准劳动精神教育的定位。加强对党和国家关于劳动精神文件的精神领悟，树立大局观思想。与此同时，各有关部门应当在党委的统一领导下落实相应的劳动精神配套项目。

学校管理者应当自觉树立良好的劳动意识，应率先走进课堂，带头推进劳动精神教育学科建设，真正做到在课堂上实现教书育人，出教室实现以劳服人。只有这样才能真正把握好学生劳动精神教育的正确方向，让党的领导核心作用发挥到极致。

校团委不仅要传达好党委下达的关于劳动精神的重要指示，还要组织开展丰富的第二课堂，第二课堂是指校园内的各种实践活动，要开展以劳动精神为主题的课外实践活动，如劳动技能大赛、劳动宣讲会等。还要开展第三课堂，组织学生走出校门，亲近社会，参加劳动支教、爱心救助等，让学生从中体会劳动精神的价值和意义，理解劳动与社会发展的关系。除此之外还要利用好互联网技术，开设第四课堂，打破时空局限，围绕劳模、工匠等开展交流互动，从功能上实现理论认知和被动接受向主动认知和自觉吸收的有效转化。

教务处在设计劳动精神课程教材时要摒弃堆砌化、单一化倾向，要加强对劳动精神课程的"活教材"开发。我们身处的自然界、社会等都是活教材，因此，新时代劳动精神教育课程可以抓住这些鲜活生动的课程资源。

校园劳动文化作为一种隐性课程资源，它能在潜移默化中影响和塑造学生，对学生劳动意识与劳动素养形成很大影响，也可以成为"活教材"开发的一部分，因此可以依托有关劳动节假日、劳动成果展演等形式，努力营造崇尚劳动、热爱劳动的校园劳动文化氛围。要科学设计评价体制。要将学生平时表现评价、学段综合评价、劳动素养监测贯穿起来，根据劳动精神教育课程评价结果的反馈信息找准评价过程中可能出现的问题，以发展为评价导向加强反思从而进行改善，从而更好地促进学生全面发展。

四、引进传统优秀文化和生活素材，丰富培育内容

如今的学生兴趣爱好呈现多元化的特点，他们热爱游戏、短视频、动漫等，也喜欢寻找与自己兴趣爱好相投的群体。他们见识广博，很难对常规普遍的内容产生兴趣，追求和喜爱新奇有趣的事物，喜欢在自己的朋友圈中关注、讨论和创造带有他们鲜明特点的内容，这就要求对劳动精神教育内容进行合理选材，精心组合，以便能够吸引学生。

进入新时代伴随着劳动新业态、学习和生活状态的出现，劳动精神的培育内容应该从封闭的体力劳动和技能学习中走出来，将培育内容融入到社会生活方方面面，体现包容性，因此针对当前学生劳动精神教育内容的现状以及培育效果，需要深层次地挖掘劳动精神教育内容，通过引进传统劳动文化、注入生活气息来提升培育内容的生动性、丰富性，深化学生对劳动精神的认识。

（一）植入优秀传统劳动文化，增加内容的历史性

中华优秀传统文化是一个民族的"根"和"魂"，也是民族精神风貌、智慧的展示。它凝聚着我国先辈探索未知世界的智慧和精髓，劳动精神自古以来就流淌在中华民族的血液之中，我国有着悠久的崇尚劳动、热爱劳动、辛勤劳动、诚实劳动的传统。无论是在古代还是现代，劳动精神都为中国人民砥砺前行、扎实推进、实现宏伟目标的道路上注入了不息的精神力量。中华优秀传统文化中蕴含着许多思想理念和道德规范，有其永不褪色的价值，而其中蕴含的优秀劳动文化体现了我国古代对劳动的重视，其中的很多思想精华都可以充实劳动精神的内容。

加强新时代学生优秀传统文化教育对劳动精神教育具有显著的意义，而古代劳动诗词、劳动故事等劳动文化蕴含了丰富的劳动哲学思想，突显了劳动在古代中的神圣地位。中华优秀传统文化中蕴含着丰富的劳动思想，"知行合一""夫民劳则思，思则善心生""富贵本无根，尽从勤里得"都表达了扎实奋进、不懈劳动的重要性。这些诗句和思想充分表现了我国古代劳动人民崇尚劳动，向往劳动的强烈情怀，同时也孕育着古代人民渴望通过劳动追求幸福生活的美好憧憬，突显了劳动在生产、生活中的重要性。

优秀的劳动文化对劳动精神的形成和发展奠定了深厚的文化基础，培育者要培育劳动精神必定要从优秀的传统文化中挖掘劳动精神的资源，让培育内容变得更加丰裕和厚实。这些古代优秀劳动文化思想哲理性强、通透易懂，能够为劳动精神教育内容增强浓厚的历史感、文化感，因此必然重视这些优秀传统文化、优秀劳动文化，并且要用好它们，从中汲取与劳动精神相关的养分，为劳动精神提供充足的养料。

（二）注入生活化片段，增强培育内容的生活性

教育要取材于生活，扎根于生活，因此实施劳动精神教育重点是要将学生引向生活、回归日常，组织学生参加各种日常生活劳动，从中培养他们的劳动精神。这就说明劳动精神教育应该与生活相联系，从生活实践中体会劳动精神的伟大。劳动精神既然是一种精神力量的体现，必然要根植于人们的劳动实践，是建立在实践基础上的精神信仰，是来自社会生活的需要，劳动精神的内容应该体现生活性和情境性，生活化的内容可以将符号化的世界与现实合理衔接，有助于学生活学善用各种知识、技能。

劳动精神教材的编写、培育内容的选择要坚持从生活挖掘、从现实的土壤中汲取，要始终坚持从现实出发，紧密结合生活，劳动课程标准的制定和实行、教学内容的精心挑选和组织编排，教学活动的安排，教学计划的设计、安排都要立足社会生活，立足于学生的特点，要始终坚持以现实为依托，从生活中汲取素材。

劳动精神来源于生活，劳动生活既有人对物质的需要也有人对精神的需要，劳动是人生活中的一部分，人与生活保持着彼此的一致性。因此可以这样说脱离劳动精神就无法构成完整的生活，脱离生活的滋养，劳动精神的培育工作就会变得枯燥乏味，所以，劳动精神的内容要立足现实生活，打破学生生活世界和劳动世界的壁垒。

五、选用劳动精神教育的多种方式

新时代学生是与网络相伴相生的一代，与以往任何一个时期相比，新时代学生学习的渠道更广泛、形式更多样、内容更丰富，他们有去权威化、去中心化的交往态度准则，他们所接触的日常信息常常是碎片化、视觉化、平面化、直观化的。这就要求培育者要灵活多样地选用培育方式，要摸清他们在关注力、认知上等方面的变化，因此培育者要积极创新方式方法，不断增强针对性、时代感和吸引力。

各地和学校要因地制宜围绕劳动精神教育的目标和内容要求，选择合适的劳动教育方式。当前劳动精神教育存在的主要问题是培育方式实践性不强，学生外化劳动精神的机会少，因此在开展劳动精神教育的过程中，要破除落后的思维观念，克服劳动与教育分离的实践误区，深刻把握知与行、学与做的辩证关系，要综合运用多种培育方式等加深学生对劳动精神的理解。

（一）利用生活化方式，引导学生亲近劳动精神

学校培养的是高素质的劳动者，他们承担着为社会服务、报效国家的重要使命。因此劳动精神教育应以实现学生社会服务效用最大化为培养的落脚点，引导学生将自身所学转化为实际行动。劳动精神教育贵在实践，社会实践是转化学生劳动精神教育效果的有效载体。参与社会实践就是学生以社会主体的身份主动学习、主动接受教育的过程，有利于学生从被动接收的第三人称向主动接收的第一人称转变。

劳动是联系理论知识与现实生活的桥梁，教师要逐渐摆脱单纯依靠"你听我讲"的传统教学模式，在劳动精神教育的过程中运用"在做中学"的培育方式，引导学生从空间地域的限制中走出来，让学生在行动和经历中校验劳动知识与技能，引发思考，感受劳动精神的真谛。通过借助多样的劳动形式，为学生讲明原理、厘清流程、亲自示范，激起学生的深度思考，让学生的口、耳、眼、手等得到充分锻炼，引导学生不断发展和进步。只有"身体力行"地去做才能提升劳动精神教育的实效性，不论是何种形式的劳动，它们都能够让学生感悟到流汗后的喜悦和自豪，它们都是通过"做"来建立与社会之间的联系。

开展劳动精神教育要实现实习实训和专业发展的深度融合，要帮助学生学会将专业学习与社会实践相结合，以实现专业知识的实践化。要注重

引导学生从艰苦劳动中锤炼优良品格、道德情操等，教育学生从持续的劳动体验中探寻事物的本源，认清自身的发展与周围世界的关系，驱使学生引发内心的冲动，使他们全力以赴、排除万难、实现目的。

因此要利用好劳动体验这个重要环节，引导学生成为体验者，以身触物，用心领悟，用行动展示，在亲身体验中释放学生全部的"自我"，使学生的心灵受到冲击、震撼，逐步唤醒潜藏他们内心的获得感。要从持续的过程体验中获得劳动精神的直接感受，从而逐步内化为自身的价值体系。

(二) 借助典型示范，引发学生劳动精神共鸣

新时代，涌现出了许多优秀劳动模范的先进事迹，他们在各自的岗位上甘于奉献、尽职尽责，用自己的实际行动诠释着对自身职业、社会、国家的责任感，他们的故事是对劳动精神最生动的诠释。因此要选取恰当的事迹，精准宣传，避免方向偏移。

在新时代的背景下，教师要选取那些与学生产生情感共鸣的典型，比如科学家几十年献身科学的无私精神、某位劳模对社会的服务精神等，培育的重点是让学生了解干任何事都必须要有付出。劳模背后是一种信念的支撑，一种实干精神的闪现，要让学生从这些劳模的故事中有感而发，将动人的劳模事迹与学生的感情巧妙融合，从而触发他们劳动神经。将劳模动人事迹、感人故事搬到课堂，让学生能够摸得着、看得见，切实感受到劳模身上闪现的劳动精神。

要让各行业劳模现身说法，吸引学生过来观看，触发学生的心灵。通过安排专题讲座、现场问答等形式，让学生通过聆听劳模们不平凡的劳动经历，深受感触，逐步被劳模们身上的精神所吸引，从而感受到劳动精神的魅力。同时要注重发挥社会的辐射效应，让劳模的劳动事迹广为传播。劳模的经历之所以容易触动人，是因为任何事情都是通过劳动换来的，劳模身上所表现出来那种淡泊名利、孜孜以求的态度让人触动；他们那种热爱本职工作、恪尽职守的品德让人称赞；他们那种实事求是、不断开拓的意识令人钦佩，他们身上所体现出来的这些高尚思想品质对企业员工、学生等都具有鲜明的示范作用，对抵制不劳而获、贪图安逸、一夜暴富的错误观念具有积极的作用。

(三) 巧用情境教学法，创设劳动精神体验

情境是在一定时间内各种情况的相对的或结合的境况，包括教学情境、

社会情境等，好的情境能够使学生的躯体、理智与情感之间形成良好的互动关系，教师要善于发现社会生活场域中的多重教育因子，尤其是要挖掘其中的真、善、美等价值因素并使之交流融通，从而启迪学生。

开展劳动精神教育工作需要构建真实的劳动精神教育场域，学生劳动精神教育需要借助不同的场域类型，具体来说劳动精神的培育必须依托特定的场域才能达到显著的效果。教师要善于利用这些场域创造适合的情境。

教师要以场域资源为依托，善于从中挖掘蕴含的教育因子，要创设科学的劳动精神体验情境，要将学生逐渐带入情境，与情境相融，与情境对话，进行内在意义的交流以触发内心情怀，从而让劳动精神教育不再束之高阁，而是紧紧贴近学生的生命成长。

在各种场域文化中，培育者要善于借助不同特色的场域特点创设丰富多元的体验之境，通过引导学生将其置于相适应的情境和关系世界之中，促使学生产生积极的劳动体验感。教师在各种场域中精心设计的"情境"构建起了理论通向生活的桥梁，而"体验"正是知行统一的逻辑起点，场域的真实性和实践性能助力学生实现劳动精神的内化。

六、强化协同实施，营造良好的劳动精神教育环境

新时代的劳动精神教育强调综合实施，力求最大化地整合各方资源，建立社会支持、学校主导、家庭负责的培育体系，从而确保学生劳动精神教育取得实质性进展。因此各级政府、教育行政部门、学校、社会组织、企业和社会媒体等应该共同发力，加强对劳动精神教育氛围的主动营造。

（一）加强校园文化建设，营造劳动精神文化氛围

学校是育人的机构和场所，但学生劳动精神教育工作在一些学校并未引起足够的重视，如今国家正大力提倡劳动精神，各学校也应该重新看待劳动精神，营造一个良好的劳动精神教育环境。

重视校园劳动文化环境建设，发挥校园文化引领正能量、构筑健全人格的功能。学校校园文化是一所学校经过长时间的办学实践逐步积淀的以环境文化、制度文化、精神文化和行为文化建设等为主的总和，具有辐射面广、渗透性强的特点。学校校园文化能够聚集一股无形之力感染学生，从而对学生产生积极的正向效应。学校应当紧扣劳动精神主题，通过辐射和穿插的方式将"爱劳动，从我做起"的思想主题纳入到校园文化建设中去。

一方面，形成主题化的舆论导向。积极利用校园广播、微信公众号、校园网等媒体加大对劳动精神的宣传力度，要将新时代的劳模先锋、行业工匠引入校园，增强学生对榜样的敬仰之情。

另一方面，利用社团等载体开展多样化的文化活动。要抓住世界卫生日、地球日、植树日等重要节假日的育人契机让学生在劳作中加深对劳动精神的认识。全校开展以劳动精神为主要议题的各种教育活动、劳动宣讲会等进一步营造浓厚的劳动精神氛围。还可召开以"劳动精神无处不在"的校级、院级主题比赛，可以让学生通过展示劳动成果、进行专业实习的感悟分享等方面强化学生的劳动精神；可结合校园文化特色，在校园一角处设置"年级劳动成果展示""年级运动组"等品牌，让学生处处都能感受到劳动精神的存在。

（二）要打造过硬的师资，营造劳动精神学术氛围

劳动精神教育要注重建设一支高质量的专兼职师资队伍，营造浓烈的劳动精神学术氛围。例如，成立劳动精神教育名师工作室，汇集、培养一批劳动精神教育名师。可以让社会各行业的人士加入到劳动精神教育的队伍中来，聘请劳模、工匠等来学校担任劳动教育指导教师，让他们亲临课堂讲授劳动课程；建立劳动精神教育综合研究智库，着重研究劳动精神教育的教材设置、考核标准、教学规律等，紧扣时代最前沿，及时推送有关劳动精神教育研究的最新成果；完善教师教学岗位激励机制建设，探索建立符合劳动精神教育特点的教师职称评审制度和考核评价机制，对劳动精神教育教师的职称评定、学科教研成果评定提供制度支撑。

（三）增强社会媒体宣传，引导提升培育的和谐感

在新时代，社会媒体应该秉着负责任的态度，加强自身文化品位建设，倡导"品质优先，质量第一"的理念，注重弘扬普通劳动人物的动人事迹。

社会媒体应该更加注重捕捉社会生活中点点滴滴的劳动事迹，将劳动精神的弘扬和宣传纳入到自己的责任范围。媒体要善于挖掘不同地区的劳动精神教育的典型案例和搜集优秀的劳动精神故事，积极推广企业、社会组织、相关学校的劳动精神教育的先进经验，大力宣扬具有崇尚劳动、热爱劳动等特质的典型代表。发挥重大节假日的功能，充分借助丰收节、劳动日等开展相应的劳动精神教育宣传活动。

第四章　劳模精神及其育人模式探索

第一节　劳动模范精神的引领价值

一、劳动模范精神引领价值及其作用机制

劳动模范是从千千万万劳动者中选出的杰出代表，他们的先进性是大家认可的。劳动模范身上所表现的爱岗敬业、争创一流、艰苦奋斗、勇于创新、淡泊名利、甘于奉献等优良品质，对劳动群众起到了精神引领的作用，其优秀精神品质体现出深厚的劳动文化内涵，引领中华儿女勠力同心建功新时代。

劳动模范的精神引领价值体现在社会生活中的方方面面，既弘扬了马克思主义劳动价值观，又植根于我国优秀的劳动文化传统，深刻体现了中国精神的内涵，他们用崇高的道德、专业的技能和坚定的职业信仰来诠释"榜样"的力量，用实际行动来引领社会风尚，展现集体主义精神，为人民群众提供了良好的示范作用。

（一）精神引领是劳动模范的内在规定与价值起点

劳动创造了人和人类社会，劳动是人类社会进步和发展的源泉，劳动模范用实际行动展现了劳动的价值，其身上所拥有的劳模精神体现了中华儿女勤劳奋斗、自强不息的民族基因，带领我们在中国建设与发展的各个时期做出辉煌的成绩，劳动模范的精神引领成为当今社会不可或缺的精神力量，给中华儿女建设祖国提供了精神指引，劳动模范的精神引领是劳动模范作为"模范"的特质，其榜样示范作用有助于我们在生产、生活中精进劳动技能，提升工作能力。

1. 深厚的劳动文化传统与实践基础

（1）劳动模范的精神引领价值是马克思主义劳动价值观的生动体现。劳动是人类存在的基础，是人类基本的实践活动。劳动在人的社会化过程中，起到了决定性作用，人们可以通过劳动，解放社会关系，变革不合理

的社会关系。劳动创造了人和人类社会，人的本质并不是单个人所固有的抽象物，在其现实性上，它是一切社会关系的总和，人类需要通过劳动来维系社会关系。

劳动是人类社会产生、发展的前提，没有劳动就没有人类社会。人类通过劳动征服自然，劳动可以创造价值，生产商品。人类通过劳动实现价值，通过劳动改造世界，发展政治、经济、文化。劳动模范的精神引领价值遵循劳动文化，在当今社会不断焕发出强大的生命力，成为中华民族实现站起来、富起来、强起来伟大历史进程的精神指引。

（2）劳动模范的精神引领价值是我国优秀劳动文化传统的时代结晶。中国人民是勤劳奋进的，在五千年灿烂的中华文明史中，中国人民用勤劳和智慧在中国大地上生产、生活，创造了丰富的物质文明和精神文明。我国一向推崇创新创造，中国古代人民发明了火药、印刷术、指南针、造纸术，方便了生产生活。中华儿女用辛勤的劳动创造了灿烂的历史文化，锻造了中国人民踏实、肯干的优秀品质，这一品质贯穿于社会发展的始终，不断推动社会生产力的发展。

（3）劳动模范的精神引领价值植根于党带领人民所进行的奋斗实践。劳动模范在中国的革命、建设和改革中，树立典型，发挥了引领普通劳动者积极上进、努力生产的作用，凝聚在他们身上的良好精神品质成为宝贵的精神财富。在社会主义建设时期，劳动模范为了恢复和发展国民经济，以无私奉献的精神积极投身于生产中，为大众树立正确的劳动观起到了积极作用；改革开放以来，广大劳动群众发挥吃苦耐劳、艰苦奋斗、开拓创新、锐意进取的精神，使劳动模范的良好形象更加深入人心；进入新时代，中国共产党带领中国人民继续谱写爱岗敬业、勇于创新、无私奉献的精神篇章。

2. 中国精神是劳动模范精神引领的根本价值指向

劳动模范是人民的英雄，时代的楷模，其身上体现的优秀精神品质，对人民群众的思想和行为具有价值导向作用。中华人民共和国成立后，人民成为国家的主人，劳动模范建设国家的热情更加高涨；进入改革开放新时期，创新成为经济发展的重要动力，我国实施创新驱动发展战略，促进国家的发展。从劳动模范发展的历程结合国家的需要，爱国主义和创新创造是劳动模范身上所具有的最重要的、最根本的品质，也将成为劳动模范精神引领的根本价值指向。

爱国主义是个人或集体对祖国的热爱和支持之情，体现了个人对祖国的认同和归属。劳动模范从出现到发展，都展现了强烈的爱国情感和社会责任感，在不同的历史时期，对祖国的发展均起到了重要作用，在各自的领域发光发热。

爱国主义与创新创造永远是我们宝贵的精神财富，同时也是劳动模范实现精神引领的根本价值指向。革命时期促进生产、谋求发展的现实需要催生了劳动模范的诞生，劳动模范在发展过程中，始终以国家发展为政治导向和自身的奋斗目标，创新创造是提高生产效率，促进国家发展的关键法宝，劳动模范的精神引领作用根本指向于爱国主义和创新创造，为全国劳动群体树立榜样，成为劳动者不断学习，努力追求的良好精神状态。

3. 一以贯之的崇高道德是劳动模范精神引领的内在人格规定

劳动模范的评选具有严格的程序和标准，在不同的历史时期，评选的方针政策也有一些调整。劳动模范在评选的过程中，牢牢把握评选工作的正确方向，要以建立健全评选机制为基础，坚持把政治坚定、品德高尚、勤奋敬业、勇于创新，在社会主义经济建设、政治建设、文化建设、社会建设以及生态文明建设和党的建设等方面做出突出贡献的先进模范评选出来。评选劳动模范时，劳动模范不仅需要对生产做出贡献，其道德品质也是一个重要的评选标准。全国劳动模范评选实行民主推荐评选，参与评选的人，必须在工作中勤奋努力，能够起到表率作用，在生活中品德高尚，乐于助人。

劳动模范不仅业绩卓著，他们一以贯之的崇高道德是其精神引领的内在人格规定，他们在自己的岗位上"搞生产"，还尽自己所能去帮助需要帮助的人，从业务和品格两个方面发挥榜样的作用，感染更多的人积极工作，乐于助人。

（二）劳动模范精神引领价值的核心表征与伦理意蕴

在新时代的背景下，我们国家制定了一系列的发展规划，想要全面建成社会主义现代化强国，就要从"硬实力"和"软实力"两个方面来进行突破，劳动模范在为企业贡献发展效益的同时，劳动模范精神引领的这个"软实力"也不可忽视，需要我们重视起来。劳动模范身上所凝聚的精神品质，集中体现了以爱国主义为核心的民族精神和以改革创新为核心的时代精神，体现了伟大创造精神、伟大奋斗精神、伟大团结精神、伟大梦想精神。同时，劳动模范的优秀品质对社会风尚的引领和社会主义核心价值观的塑造具有重要意义，对培育时代新人的过程也产生了积极影响。

1. 劳动模范精神引领的本体性价值——中国精神内涵的丰富与拓展

在中华民族五千多年的发展历程中，中国人民用勤劳和智慧书写了辉煌的历史。伟大创造精神、伟大奋斗精神、伟大团结精神、伟大梦想精神成为中华儿女劳动基因的一部分，为我们在劳动实践中提供精神指引。

（1）体现和丰富了中国人民的"创造精神"。劳动模范的精神引领价值体现和丰富了中国人民的伟大创造精神。古人在生产实践中发明了闻名世界的"四大发明"，造纸术、火药、印刷术、指南针等发明载入人类的科技发展史；万里长城、都江堰、故宫、布达拉宫的建设，体现了中国劳动人民的智慧和勤劳，中国人民以伟大的创造精神建设着祖国，推动我国又好又快发展，劳动模范体现和丰富了这一伟大的创造精神。

（2）体现和丰富了中国人民的"奋斗精神"。中国是四大文明古国之中唯一没有衰败的国家，在历史的长河中生生不息，在我们优秀的传统文化基因中，自强不息这一美好的精神品质始终促使我们前进。中华儿女通过辛勤劳动，发明创造，保证了14亿人口的吃、穿、住、行。幸福是奋斗出来的，我们每一个人都要做奋斗路上的勇者，战胜一次又一次困难。劳动模范在自己的岗位上坚守，要付出超出常人的努力才能称之为"模范"，劳动模范体现和丰富了中国人民伟大的奋斗精神。

（3）体现和丰富了中国人民的"团结精神"。我国是一个多民族的国家，在长期的发展过程中，56个民族相处融洽，形成了一个团结友爱的大家庭。劳动模范作为技术能手与群众榜样，能够感召集体力量，指引集体攻坚克难，特别是在困难时期能够带给人们团结向上的精神力量。

2. 劳动模范精神引领的社会价值——引领社会风尚与培育核心价值

劳动模范是时代的领跑者，对国家和社会的发展起到了积极的作用，劳动模范的精神更是一笔宝贵的精神财富，对整个社会的风气和社会主义核心价值观的培育也具有正向的作用。

近些年来我国经济高速发展，社会上会出现了一些不良风气，培育良好的社会风尚就成为一项重要的任务，劳动模范的精神引领对社会风尚的培育和社会主义核心价值观的发展意义重大。

（1）劳动模范对良好社会风尚的引领。要弘扬劳模精神，营造劳动光荣的社会风尚，使人人都有通过辛勤劳动实现自身发展的机会。劳动模范身上所凝聚的优秀精神品质，是推动我国发展进步的巨大精神力量，具有很强的示范性和引领性，对引领社会风尚，具有重要意义。改革开放40多年来，在我们党的正确领导下，政府努力服务人民、构建和谐社会，人民群众尽心尽力建设家园，我们国家的治理取得了良好的成绩，社会呈现向上向好的风气。

在市场经济条件下，人们的就业观念多元，劳动模范吃苦耐劳、甘于奉献的集体主义精神，为劳动群众的就业、择业指引了方向。无论从事哪个行业，都应该向劳动模范学习，发扬"干一行、爱一行、专一行、精一行"的精神，这样才能在市场经济的大潮中找到自己的定位，为社会的发展贡献自己的力量。

（2）劳动模范对社会主义核心价值观的引领。劳动模范和先进工作者是坚持中国力量、中国精神、中国效率的楷模，他们以高度的主人翁责任感、卓越的劳动创造、忘我的拼搏奉献，为全国各族人民树立了学习的榜样；劳模精神，生动诠释了社会主义核心价值观，是我们的宝贵精神财富和强大精神力量。劳动模范身上所凝聚的良好精神品质和社会主义核心价值观有着共同的文化基因、价值取向。劳动模范具有爱国、诚信、敬业、友善的良好品质，可以更加生动、具体地把社会主义核心价值观的内容展现出来，拉近劳动群众与社会主义核心价值观的距离，使普通群众能够自觉接受和践行社会主义核心价值观。劳模精神和社会主义核心价值观都是社会主义先进文化的重要组成部分，对增强文化自信具有非常重要的意义。

（3）劳动模范对"时代新人"的正向引领。劳模精神是民族精神和时代精神的集中体现，是中国特色社会主义优秀文化。新时代劳动模范精神文化塑造，对于青年一代不可或缺，有助于培养合格的社会主义建设者和接班人，对青年的社会主义核心价值观塑造起到积极、正向的作用。

第一，以"劳"树德，锤炼劳动品质。青年人的道德培育是一项基础性的工程，育人为本，以德为先，德育是对学生的思想、政治、道德观念等方面进行教育。加强德育，引领学生的道德观念，需要劳动模范的榜样示范，离不开劳模精神的引领。劳动模范身上所具有的崇高品质和劳动美德，会对青年一代的道德和劳动观念产生积极影响。人最擅长的是学习和模仿，在青少年的成长历程中，会有很多人和事对他们的思想品德产生影响，无论在什么场域下，都要高度重视劳模的榜样作用和感染力，同时结合青少年的认知规律和特点，用劳动模范的故事和精神去感染和影响他们，触发青少年对劳动模范的崇敬与学习之情，从而达到思想冲击与情感共鸣。

第二，以"劳"增智，辨清价值观念。智育是为发展学生智力，增长学生才智而进行的有组织、有计划的科学文化知识和技能的教育活动。当前，党和国家高度重视素质教育，且注重劳动者素质的培育。我们应加大劳动模范和劳模精神进教材的力度，不仅限于思政课教材，也应在其他科目中适当加入劳模精神的内容，如在语文教材或英语教材中。在不同学段也应进行不同程度的劳模精神教育，从小学到大学，根据学生心理特点和接受能力，循序渐进，开拓学生的思维，激发创新意识。

第三，以"劳"强体，培育劳动素养。体育和劳动的联系是非常密切的，体育是从人类劳动和游戏中演化而来的。劳模精神是在生产实践活动中形成的精神财富，将劳模精神融入体育教学之中，在体育锻炼中学习与弘扬劳模精神，是一种良性的双向进步。在体育教学中，帮助学生了解体育是从劳动中脱离出来的，并不断演化为今天的各种体育项目，游泳、铅球等，带有人类改造自然的痕迹，可以把这些体育项目纳入到课程中。

第四，以"劳"育美，提升生命意义。美育注重陶冶学生的情操，培育学生发现美、体味美、追求美的品位，塑造美好心灵，体味人文意蕴。将弘扬劳模精神融入美育之中，通过了解杰出的艺术工作者的事迹，探寻他们在文艺创作过程中的爱岗敬业、拼搏奋斗的精神，来体味劳动之"美"。通过让劳动模范走进校园，走进学生，帮助学生树立正确的价值观和择业观，真切地感受到劳动及劳动模范的"美"。把劳模精神融入到学校的美育课堂之中，形成以"劳"育美的文化氛围，让学生在体味劳模精神的过程中，发现美、感知美、理解美、追求美，最终创造美，提高学生的审美能力，增进学生人格发展。

3. 劳动模范精神引领价值的伦理意蕴——集体主义与为人民服务

（1）劳动模范精神引领价值中的"个体"与"集体"。个体是组成集体的细胞，集体的发展离不开每一个个体，集体是个体成长的园地，个体的学习和生活离不开集体。劳动模范是先进的个人，他们讲集体主义精神，在中国革命、建设和改革时期为集体的发展贡献了重要的个人力量。

集体互助大大提高了生产效率，发挥了一加一大于二的效能。劳动模范在集体互助运动中发挥了先锋模范作用，在集体中获得了成长，成就了个人的价值，完美诠释了"个体"与"集体"的关系，在实践中更好的发挥集体主义精神，为集体、社会、国家的发展做出贡献。

（2）劳动模范精神引领价值是在为人民服务中凝聚的。为人民服务是我党的根本宗旨，劳动模范作为社会中的先进分子，要时刻牢记为人民服务的方针。服务人民、奉献社会是一种高尚的精神追求。评价人生价值的根本尺度，是看一个人的实践活动是否符合社会发展的客观规律，是否促进了社会进步，要看一个人为国家和社会贡献了什么，为人民服务就是一个重要的证明方式。劳动模范分布于各行各业中，他们的工作是关系到国民衣食住行的行业，在自己的领域中兢兢业业、默默奉献，是对为人民服务最好的价值诠释。

集体主义精神是一种主张奉献的精神，要求个人利益服从、服务于集体利益。在社会主义革命时期，集体主义精神凝聚了一代又一代人，为中国的革命和建设奉献自己的青春和热血。劳动模范们充分发扬集体主义精神，把人民群众的利益放在首位，甘于奉献自己，在奉献中成就自己，实现自己的人生价值。

（三）劳动模范精神引领价值的生成与作用机制

劳动模范作为榜样对普通群众的思想及行为有着示范作用，厘清劳动模范精神引领背后的作用机制，可以更好地进行精神引领，实现价值转化。劳动模范精神引领作用机理是从认知开始的，首先要引导大众对劳动模范背后的精神有一个总体的认知，在认知之后，人们才会产生更深刻的理解，形成情感认同，从内心接受和认可劳动模范、劳模精神，然后把对于劳模精神的认可转化为自身的信念，达到内化于心的效果，最后在实践活动中，通过行为表现出来，达到外化于行的效果，这是一个完整的从"内化"到"转化"再到"外化"的过程。

1. "认知触发"机制

认知是指人们获得知识、应用知识或信息加工的过程，是人的最基本的心理过程，它包括感觉、知觉、记忆、思维、想象和语言等。认知是人的思想品德形成的起点，人们接受外界的信息，通过大脑转化为内在的心理活动。人的思想品德形成是从认知开始的，进行劳动模范的精神引领时也要重视认知的作用。

人们对劳动模范形象的认知起始于对劳动模范形象的接触或对劳动模范故事的倾听。例如王进喜的事迹让我们对劳动模范的形象和品质特征有了一个认知与了解，当我们了解到王进喜跨过阻碍来到大庆，他工作时奋战三天三夜的场景，喊出令人奋进的口号，以及止住井喷的场景，便会在我们的脑海中形成一个形象认知，触发我们的认识机制，从而使我们想要进行更深层次的了解劳动模范的精神品质。

2. "价值认同"机制

价值认同是人们对社会中某类价值的存在是否认可，如果认可一种价值，人们会进行对此价值的追求，对自己的社会实践活动形成一种定位，去决定自己是否对某些理想、信念的追求。人们形成对某一事物或精神的价值认同后，便会形成相对稳定的价值观，社会成员对价值规范会采取自觉接受、自愿遵循或者服从的态度。在对一事物有了认知的基础上，人们会产生一种情感态度，或喜或厌，这种情感在认识转化为行为的过程中，起到了催化作用。情感是伴随人们的品德认识而产生发展的，对人的行为产生着重要的调节作用。人们在了解到劳动模范的故事时，被他们爱岗敬业和无私奉献的精神所打动，产生心理冲击和情感变化。在情感形成之后，我们怀着对劳动模范的崇敬和认可，会形成一种想要去学习、模仿的品德意志，产生一种坚持去实践、去履行的想法。在意志形成之后，我们会去想要排除困难做成一件事情，产生一种调节人的行为的精神力量。意志是否坚定，会影响品德行为是否能坚持下去。

信念的形成在意志品质之后，信念是比意志品质更加坚毅的品格，是认识与行为连接的最关键的部分。一定的认识，只有经过人的理性判断后，才能转化为信念，成为人的行动指南。形成信念之后，说明个体已经充分了解了一种道德观念。信念是一种持久的、稳定的观念，在经过对劳动模范从"认知"到"情感肯定"，再到形成"意志"和"信念"，完成了内化于心的过程，人们对劳动模范的精神已经入脑入心。

3. "实践转化"机制

通过对劳动模范从"认知"到"情感肯定"再到形成"意志"和"信念"，整个劳动模范精神引领内化的过程已经完成，从内化于心到外化于行的转化，是一个螺旋式上升的运动过程。内化是目的、内容，外化是手段、形式，内化通过外化表现出来。没有外化，内化毫无价值；没有内化，外化无从谈起。

行为是人们在认识、情感、意志和信念的支配下，在实践活动中做出的行动，是一个人思想品德外在的反应。我们在听到劳动模范的故事时，在脑海中提取他身上所具备的优良品质，我们对这种正向的、积极的美好品质，大多数人都会选择"喜欢"，去进行模仿，学习。在模仿学习的过程中，有人的意志品质比较强，比较坚定，对劳模精神形成信仰，用实际行动去践行劳模精神，在自己的工作中也能做到吃苦耐劳，精益求精。可见，信念是从认知到行为转化过程中最关键的一步。在家庭教育和学校教育中，我们应该充分注重学生信念的形成，强化意志是形成信念的良好方法。劳动模范的精神引领从内化到外化，起点理应是价值认同，只有从根本上对劳动模范的精神品质进行认同，才能形成后期的转化。

二、劳动模范精神引领价值的实现路径

中华民族自古以来就是一个崇尚精神的民族，人之所以区别于动物，正是因为人具有道德情操和精神追求，在中华民族发展的五千多年的历史长河中，中国人民用勤劳和智慧书写了辉煌的历史，造就了独特的中国精神。中国精神是以爱国主义为核心的民族精神和以改革创新为核心的时代精神，每个中国人作为时代的奋进者，都应该努力弘扬中国精神。劳模精神是中国精神的生动体现，弘扬中国精神，有利于深化劳动模范的精神引领作用，更好地促进中国精神深入人心。

（一）宣传引导：形成广泛的社会认同与精神文化氛围

劳动模范的优秀精神品质应该在全社会广泛传播与弘扬，是劳动创造了我们的幸福生活，使我们的物质世界更加富足，精神世界更加精彩。在全社会形成崇尚劳动，尊重劳动者的风尚十分重要。劳动模范良好的精神品质需要通过媒介广泛传播，形成宏大的空间叙事，焕发具有凝聚力的集体记忆，在大众中进行宣传，引导人民群众形成正确的劳动价值观念。

1. 媒介传播

大众传媒是时代发展的产物，许多信息可以通过大众传媒传递，超越了时间与空间的限制，具有较强的舆论引导作用，可以在短时间内有效传播社会现象和大家关心的问题。正是因为大众传媒具有公共性、大众性的特征，所以我们在弘扬劳模精神过程中，应合理运用大众传媒的传递功能，做到对劳动精神，劳模精神的正向传播，引导大众积极地学习劳动模范的优良品质。当今人们生活在网络时代，信息获取快速且便捷，因此，在新时代宣传与弘扬劳模精神必须占领舆论宣传主阵地，发挥新媒体的正向引

导作用，同时不忘发挥传统媒体真实、严谨、客观、公正的优势。

（1）发挥主流媒体的宣传效应。主流媒体在意识形态传播中占据主要地位，人民日报、新华社、中央电视台等媒体，权威性强、传播范围广，主流媒体应该加大对劳动模范的宣传，加强对劳模精神的广泛弘扬，还可以在一些热播的电视节目中加入劳动模范和劳模精神的内容，起到更加广泛的宣传作用。

（2）强化自媒体的宣传力度。在网络时代，拥有一部手机，人人都是自媒体，利用各大网络平台讲好劳动模范的故事。微博、抖音、快手、微信公众号等自媒体平台已经被大众广泛应用，在各个平台上多加宣传劳动模范，传播关于劳动模范故事的视频，在微信公众号推文中发送关于劳动模范的光荣事迹，突出他们优秀的精神品质。

（3）重视传统媒体的传播。传统媒体拥有专业化的新闻队伍、丰富的采访经验、良好的职业道德、可信赖的信息源等，具有突出的优势。报道的内容更加真实、客观。运用传统媒体讲好劳模故事也很重要，虽然时代在更新，新媒体发展态势良好，但传统媒体的受众也是一个非常庞大的群体。

在宣传劳动模范故事和劳模精神的过程中，应该注重展现劳动模范真实的日常生活，报道时要注意实事求是，劳动模范也是我们身边的普通群众，他们是因对劳动的贡献突出，敬业精神和创新精神而被我们赞美和宣传，我们应该熟知他们，学习他们身上的优良品质，为社会做贡献。

2. 空间叙事

空间叙事是借助或运用空间来进行叙事，在具体的空间里，通过物品的摆放与装饰，建筑的功能等呈现人们想表达的情感和意境。通过空间叙事，向社会传递劳模事迹，劳模精神，是一种潜移默化，润物无声的良好方式。

劳动模范纪念馆、弘扬劳模精神教育展、劳动模范事迹馆、劳模精神教育基地等场所，内部的陈列、装饰，能够使我们走近劳模的生活和工作，品味他们的人生，学习他们敬业、勤劳、创新、艰苦奋斗的优良品质。

全国各地政府部门应加大劳模纪念场馆、教育基地的建设力度，增加资金投入，重视向全社会宣传劳动模范以及劳模精神，营造良好的劳动模范空间宣传氛围，让"场景"说话，使参观者身临其境，可以通过优惠或减免门票的方式，吸引社会各界人士了解劳模事迹，尊崇劳动模范，学习劳模精神。

3. 集体记忆

随着科学技术的发展，视觉文化的传播越来越广，深入到我们的日常生活中，绘画、图片、电影等视觉传播方式，把传播对象更加直观地摆在我们面前，以便于我们能获得深刻的认识。多年来，劳模们一直在岗位上兢兢业业，创造了一个又一个辉煌，而他们的榜样力量和引领作用也成为宝贵的育人素材，指引我们前进。

劳模和劳模精神应该成为社会主义文艺创作的素材。文艺创作者应该多关注劳模的工作和生活，关注劳模为国家建设所作出的贡献，把劳模纳入文艺创作的范围，纳入影视作品中，创作出大众喜闻乐见的影视作品，向广大群众宣传劳动模范，调动大众学习劳动模范的积极性。劳模发展历史中有太多值得纪念的瞬间，有太多值得追崇的人物，通过视觉传播的方式，把他们的光荣事迹展示给大众，增加关于劳动模范事迹的影视作品，让人们记住他们，学习他们，唤起集体记忆，增强集体记忆，形成崇尚劳动、热爱劳动、辛勤劳动、诚实劳动的社会风气，只有全社会形成一种良好的劳动氛围，群众的劳动积极性持续提升，我们国家建设的步伐才能行稳致远。

（二）教育融入："劳模进校园"与劳动教育的强化

百年大计，教育为本。教育一直以来都是党和国家重点关注的内容。教师不仅要教书，更要发挥育人的作用，培养学生健全完备的人格，教导学生树立正确的价值观念，对社会发展和国家建设作出自己的贡献，把立德树人作为根本任务。教育是国之大计，教育兴则国家兴，教育强则国家强。劳动教育是立德树人中不可或缺的一部分，不进行劳动，整个人类社会就无法运转，在学校教育中要积极培育学生热爱劳动、尊重劳动者的观念，并且外化于他们的日常行为中，精进劳动技能，为社会主义现代化建设添砖加瓦。

1. 劳动认知

劳动教育是我国教育制度中重要的内容，也是学生实现德智体美劳全面发展的必要途径。劳动教育进课堂，有利于增强学生对"劳动"的认知，还可以增加教学实践，成为新时代劳动教育体系的重要一环。

劳动教育因"时"而进，教师应根据不同年龄学生的认知特点和接受能力，制定各个学段的教学目标和教学内容。小学阶段应对学生进行劳动启蒙教育，运用通俗易懂的劳动故事进行切入，教师用通俗易懂的语言讲解劳模的故事，从小培育学生对劳动模范的情感认同，增加对劳动的认识，还应把班级里打扫卫生的任务交给学生进行劳动体验，在实践中更好地体味劳动；中学阶段应注重劳动价值观的培育，将劳模的光荣先进事迹纳入课堂，运用榜样的力量激励学生深刻认识劳动对自身、社会和国家的价值，组织学生参加社会实践活动，进行义务劳动；大学阶段应注重学生在劳动过程中劳动品质的培养，坚持马克思主义劳动观，树立正确的择业观，正确看待劳动的价值，在一些职业院校，还可以开设"劳模班"，邀请劳模进课堂，成为学生的导师，为学生上课，有了榜样的引领，学生在选择职业及以后的工作时，会增加更多的信心，也会对自己的岗位有更加清晰的认知，在工作中积极发挥主观能动性，增强创新意识和奋斗意识。

在学校进行劳动教育的过程中，教师要注重学生劳动情感的培育和劳动实践的养成，帮助他们树立正确的观念，将劳动信念内化于心，外化于行，教师也应提高自身的综合素质与教学能力，教育主管部门也应出台关于"劳动教育"的纲要，对教师进行定期培训，制定针对不同年龄段学生的劳动教育计划，可以根据课程进行情况和学生学习程度展开教育评价，考核学生的学习成果，进行总结与反馈，确保劳动教育课程更好地进行。

2. 劳动技能

劳动理论和知识的学习，以及劳动情感的培育和深化，都要在劳动实践中不断地进行，同时，在劳动实践中，能够潜移默化、循序渐进地巩固劳动理论，加深劳动情感，达到双向互动的理想效果。学校应积极把劳动教育纳入培育学生全面发展的范畴中，既要培育情感，更要广泛开展劳动实践活动，在实践中检验真理。加强校内校外联动，拓展校内场所，设置"环境负责区"，分给各个班级管理，让学生在校内拥有更多的劳动机会，体味劳动的意蕴；也可以建设"劳动综合实践基地""活动中心"等场所；学校也可以积极联系校外场所，与农场、工厂、企业进行对接，安排学生进行校外学习和体验，深入劳动一线，深入劳模的工作环境，更加深刻地感受劳模精神的力量，感受劳动所带来的魅力。

对于大学生，应重点培育其劳动道德，提高其劳动技能，充分发扬劳动精神，在劳动中争创一流，勇于创新，努力提高劳动技能，向劳模学习，长期聘请劳模到校为学生提供德育、技能和就业方面的指导，讲述劳模艰苦奋斗，勇于创新的先进事迹，帮助学生在与劳模的互动中树立正确的劳动道德，提升劳动技能。高校应积极打通与工厂、企业等单位的合作渠道，从学生入学开始就提供见习机会，并且在其毕业后直接对接劳动平台，进行"校企联合培养"，使学生在校阶段能拥有更多的劳动实践机会，毕业后能找到"专业对口"的工作，专业与就业完美衔接，更有利于学生提升劳动技能，胜任日后的工作，成为德智体美劳全面发展的社会主义建设者与接班人。

3．劳动修养

学校是立德树人的重要场所，肩负着培养接班人的重要任务，学校教育事关国家的发展和民族的未来，培育学生形成正确观念是学校教育的一项基础性工程，在劳动教育开展的当下，培育正确的劳动价值观，弘扬劳模精神和劳动精神十分重要且必要。随着网络日趋发达，我们接收到的信息更加多元，学生接收的信息良莠不齐，对于心智还不完全成熟的学生来说，很容易受到不良观念的影响。因为受到一些不良因素的影响，学生们的劳动观念和择业观念会出现不同程度的偏差，学校必须通过教育来扭转学生们的错误认识。

没有体力劳动的付出与支撑，我们现在所使用的一切工具都是没有来源的，如果人类停止生产，人类社会就会停滞甚至灭亡。工业、农业是基础产业，没有这些基础产业和体力劳动者，我们的日常生活就会受到影响，教师应该帮助学生树立体力劳动和脑力劳动平等的观念，劳动没有高低贵贱之分，都是在建设社会主义。价值判断决定价值选择，帮助学生树立正确的劳动观念，他们才能在选择职业时，做出更加正确和理性的选择，为社会做出贡献。

建设热爱劳动、崇尚劳动的校园文化是树立学生正确劳动观的关键一步，学生每天浸润在良好的劳动氛围里，更有利于激发他们对劳动的热情。在学校的宣传栏、文化角等地宣传劳模的故事，展示劳模的创新作品，走近劳模的生活与工作，达到潜移默化、润物无声的效果；学校可以周期性地请一些劳模来校做宣讲，讲述他们的故事，运用榜样的力量来鼓舞学生，有助于学生更深刻地认识劳动的意义和价值；定期举办关于劳动模范或劳动精神的主题演讲比赛，学生在准备演讲和听同学演讲的过程中，能够学习到更多的关于劳模和劳动精神的知识，入脑入心，班级内也可以定期展开劳动知识竞赛，定期开主题班会，以多样的形式走进劳动、学习劳动、崇尚劳动，把学习劳动知识、劳动精神常态化。

（三）日常熏陶：家庭劳动文化塑造与榜样教化

家庭是每个人的第一所学校，是社会最基本的单元，它在人的思想品德形成过程中起着基础性的作用，每个人出生以后，时时刻刻受到家庭氛围的熏陶和感染，家长的言行举止会对孩子世界观、人生观、价值观的形成产生潜移默化的影响，在家庭教育过程中，家长应注意家庭的文化塑造与榜样教化，努力打造良好的家庭文化氛围，注重良好家风的传承与发扬，同时，在日常生活中，父母应做到热爱劳动，兢兢业业，为孩子树立榜样。良好的家庭环境和家庭教育对青少年品格的形成和责任感的养成至关重要，家庭教育对人的影响是普遍且长久的，不仅体现在有意识的教育中，父母日常的一些行为习惯也会在学生的脑海中形成潜意识，所以，父母要形成良好的劳动观念，以劳模为榜样，在家庭教育中才能为孩子树立榜样作用，家庭教育不仅是"家事"，更涉及社会和国家的发展，父母办好这所"学校"，对孩子的成长及以后在社会生活中发展影响深远。

1. 营造良好的劳动文化氛围

家庭是一个人成长的摇篮，是人生最初学校。我们每个人都会受到家庭的影响，家庭成员、经济条件、家庭教育等都对我们的生活产生微妙的影响。我们在家庭里获取的知识、情感和价值观，对个体的影响深远持久，是个体接受得最早的教育，如果没有家庭教育进行奠基，学校教育和社会教育就难以进行。进行劳动教育、了解劳动模范、学习劳模精神，可以从家庭教育开始，让学生从小在家庭中就开始接受劳动教育，倾听劳模故事，学习和体味劳模精神，家长应以身作则，帮助学生树立正确的劳动理念，培育良好的劳动品质。

（1）家长应发挥榜样作用，树立良好的家风。家风，是一个家庭的风气，是家庭教育的核心内容，它与家庭和谐、社会发展、国家繁荣密切相关，家庭成员的素质水平、道德修养体现一个家庭的家风，良好的家风是通过父母树立榜样，身体力行，为学生带来积极影响，家长应运用祖辈留下的优秀家风家训，传承其优良的精神品质，树立正确的劳动观念，营造良好的家庭劳动文化氛围。

劳动教育应当在学生幼年时期进行，抓住儿童塑形的关键时期，讲述劳模故事，和学生一起领会劳模精神，塑造其良好的劳动观念，父母要向各位优秀的劳动模范学习，在工作中认真严谨、积极向上，在生活中踊跃参与公益劳动，志愿者服务，展现热爱劳动，艰苦奋斗的精神。父母是学生的引路人，父母的言行举止，生活态度将对学生的一生产生潜移默化的影响，所以，父母在日常的劳动中，应该体验劳动的快乐，感知劳动的意义，养成勤于劳动的习惯，从小在学生心中种下一颗热爱劳动的种子，为学生做出榜样，树立良好的家风，营造尊重劳动者，劳动光荣的良好氛围。

（2）家庭教育应注重劳动理念和劳动习惯的培养。父母应该注重对学生劳动理念的引导，灌输正确的劳动理念，教育学生通过劳动实现自己的人生价值，积极传承和弘扬劳模精神。在五一劳动节时，抓住节日契机，积极参加义务劳动，在劳动中体会快乐和收获，过有意义的节日，进而理解劳动的含义；在日常生活中，培养良好的劳动习惯，在家、在校、在社区等，都要积极参加劳动，在家中做好家务，学校中做好值日，社区中做合格的社区志愿者，把劳动当作生活中必不可少的事情去做，在实践中感受劳动的价值，体味劳模精神，促使其德智体美劳全面发展。

2. 明确家长的劳动教育责任

我国强调培养德智体美劳全面发展的人，但目前在劳动教育方面，相比德育、智育、体育、美育而言，显现出欠缺与不足。家长是家庭教育的主要承担者，对学生的观念养成和行为习惯影响重大，因此家长必须要树立正确的劳动观，承担家庭教育的责任。

（1）家长应该培养学生的劳动意识。以学生为中心，不能用生硬的方法去"要求"学生做，而是应该抓住合适的时机去引导他们。在日常生活中有意识地培育他们的劳动意识，从简单的、力所能及的家务做起，采用"鼓励式"的方法，多对学生的劳动成果进行夸奖，增加其劳动积极性和成就感，切忌给学生规定时间和任务，这样容易带给他们压迫感和紧张感，容易形成劳动是任务的错觉。

（2）家长作为家庭内劳动教育的核心，要树立正确的劳动观念，给学生做出榜样示范。父母是学生的第一任教师，父母的观念和行为习惯对学生的影响至关重要，所以，家长们必须先更新自己的思想，从狭隘的、保守的劳动观念中走出来，学习新时代的劳动观念，全面、客观地认识劳动教育，劳动是平等的，不分高低贵贱，不管是脑力劳动还是体力劳动，只要为社会做出贡献，实现自己的人生价值，就应该受到尊重。本着这样的观念教育学生，学生对劳动的认识才会是良性的，他们在劳动中才能感受到意义和价值。

（3）父母也应同学生一起学习劳动理论知识，阅读关于劳动教育的书籍，利于对劳动实践活动提供正确的理论指导，家长也要注重与学校劳动教育的协同作用，了解学校劳动教育开展进程，与教师多做沟通、交流，及时反馈家庭教育成果，与学校和社会的劳动教育形成合力，更好地促进学生的全面发展。

3. 宣传与学习劳动模范家庭

在家庭教育中，家长的一言一行都会潜移默化地影响学生，学生会学习父母的态度及观念去进行交际，处理事情，家庭环境对人的影响是潜移默化、深远持久的，具有基础性、持久性的作用。在家庭教育中，父母向积极的方向努力，对教育学生是至关重要的。在劳动教育及学习劳模精神的过程中，父母作为家庭教育的基础力量，应该在劳动方面积极表现，热爱劳动，爱岗敬业，学习劳模的先进事迹及仔细品味劳模精神，向劳动模范看齐，争做劳动模范，只有父母将积极劳动和劳模精神内化于心、外化于行，才能更好地教育学生。

在许多朴素的工人家庭中，培养出了很多艰苦奋斗，工作在工厂一线的普通劳动者，他们其中有很多人成为了劳动模范，勇于创新、争创一流，在工作中研究了很多实用且省时省力的发明，为工厂增加了很多的收益。很多工人家庭的"老工人"在用自己艰苦朴实的精神感染、教育着自己的孩子，激励他们进步，在工作岗位认真踏实、任劳任怨。

家庭氛围对学生的影响是持久的，只有父母做出榜样作用，学生才会循着父母的脚步踏踏实实工作，劳动模范家庭的学生从小受到父母的影响，最亲近的人的榜样作用是最有力的，在家庭教育中，父母努力朝着劳模方向发展，学习劳模，学习先进力量，多给学生讲述劳模家庭的故事，学习劳模家庭的精神、营造劳模家庭的氛围，努力用父母的实际行动来教育、影响学生。

第二节　新时代劳模精神的弘扬机制

一、新时代劳模精神的内容与特征

（一）新时代劳模精神的内容

劳模精神是时代发展的产物，不会随着历史前进的脚步而销声匿迹，反而会在时代的变化中与时俱进、历久弥新。

1．爱岗敬业、争创一流

劳动是人的基本活动，没有劳动人类无法生存。爱岗敬业、争创一流是劳动的根本指标，也是劳模精神的最根本特征，不仅是职业操守的追求，也是劳动模范的前进目标。爱岗敬业是在平凡的岗位上，以认真负责的态度和精益求精的工作要求，几十年如一日，坚持不懈、持之以恒地辛勤劳作。爱岗就是作为劳动人员对自己的职业保持由衷的热爱、敬佩，对工作内容了如指掌，心中有数，这是每个劳动人员的必备素质和基本要求，只有做到真正从心里接受，才能热爱岗位，热爱工作，将工作放在心里。敬业是在本职工作上，以尊敬的态度开始工作，对工作高度负责。只有用尊敬的态度从事工作，才能用精益求精、一丝不苟的态度对待工作，才能每次在工作中遇到挫折和困难时，保持初心、信心，乘风破浪、克服困难、奋勇前进。爱岗和敬业是相互包容、相辅相成、相互联系的，爱岗是敬业的必要前提，只有对自己的岗位保持高度的热爱才能做到敬业；敬业是爱岗的最终结果，是对职业态度与责任的进一步升华与肯定。人类是理性动物，不同人对工作有着不同的看法和态度，只有真正做到在内心最深处热爱工作，才能提高工作效率和幸福指数，只有工作岗位上保持敬仰和崇尚，才能重视工作，认真工作，提高工作效能。

爱岗敬业、争创一流要有高度的责任感。古往今来不论是英雄豪杰还是普通百姓，任何人想要在自己领域有所建树，都离不开强烈的使命感和责任感，离不开坚韧不拔的进取精神。当今社会，责任感不是简单地做好分内之事，而是在自己岗位上做好本职工作的基础上进一步精益求精，这是每个公民最基本的能力和素养。

2．艰苦奋斗、勇于创新

艰苦奋斗是中华民族崇尚的传统美德，也是劳模身上所特有的优秀品质。艰苦是现实存在的客观条件，无法改变和动摇，奋斗是人们经过顽强拼搏、不断进取的精神，这是艰苦奋斗的两个不同而又十分重要的两个方面，艰苦奋斗就是经过坚持不懈、顽强拼搏的奋斗，克服现实艰苦条件的精神。艰苦奋斗的劳模精神具有时代性，不同的历史时期有不同的历史元素，但不论在哪个历史阶段内，任何条件下都应是持续弘扬的，它是促进社会前进的不竭精神指引。

创新就是打破常规，突破边边角角，打破旧东西，敢于尝试，不走寻常路，接受新东西，创新性地提出新观点、新思路、新方法，解决问题，取得新成绩。创新是一个国家和民族兴旺发达的源泉和不竭动力，它不仅能够培养高素质人才，占领科技高地，还是驱动社会发展和进步的引擎。目前我国各项事业的发展和取得的成就都是无数劳动模范以开拓进取，勇于创新的精神不断努力得到的。新阶段社会经济的高质量发展和中国奇迹的建立与广大劳动模范息息相关，他们是现代化建设的标兵和主力。

3. 淡泊名利、甘于奉献

淡泊名利是对名望和利益的态度和看法，也是一个人对待名利的价值取向和精神境界的表达，和甘于奉献一起构成了劳模精神的精神追求，体现着广大劳动模范的价值取向，代表了劳动模范向往的精神境界。由于这些淡泊名利、无私奉献的劳动模范，对需要帮助的人嘘寒问暖，发光发热，解决社会上各种问题，让我国的经济建设和精神文明并驾齐驱，促进社会和谐，提高人民生活需求。伟大事业需要伟大精神，正是这些无私奉献的劳动模范用实干苦干、默默无闻、甘于奉献、脚踏实地、淡泊名利的新时代劳模精神和行动投身于伟大事业中，为提高人民美好生活需要不懈奋斗。

（二）新时代劳模精神的特征

当今劳模精神具有鲜明特点，主要体现在以下两个方面：

1. 时代性

任何思想理论都是时代的产物，被时代赋予特殊的元素和内涵，具有鲜明的历史特征，在特定的历史条件下产生的劳模精神同样具有鲜明的时代性，折射出一个历史时期内的精神面貌，展示出一个民族的思想与面貌。劳模精神之所以具有时代性，一方面劳模精神的产生不是无源之水、无土之木，不是凭空产生、一蹴而就的，劳模精神是时代发展的标杆和旗帜，是引领时代不断前进的精神动力；另一方面，与时俱进的劳模精神在社会发展过程中被赋予不同的时代元素。改革开放以来，随着"科技是第一生产力"的主流思想的影响，反映的是以提高工作效率、提高生产力、实现共同富裕"拓荒牛"为特征的劳模精神，汇集了实现第一个百年奋斗目标和中国梦的强大力量。

劳模精神是一种推陈出新的文化形态，不是一成不变的，不是故步自封的，而是源头活水，是运动和变化的。中国劳模勇于创新、不断探索，以开拓创新、艰苦奋斗、淡泊名利、持之以恒的精神品格，不断迈向自适应"知识型、技能型、创新型"的方向，持续为时代精神注入鲜活资源，不断完善时代精神的科学内涵。

2. 实践性

劳模精神是以广大劳模的生产与生活实践为基础的思想价值观。换言之，劳模精神不单单是思想意识方面的话题，更应是实践领域的价值遵循。恩格斯认为，通过生产劳动让人在解决社会复杂关系的过程中产生了思想意识，总而言之，人们在实践活动中自发产生了意识和思想。思想意识不是随意产生的，他是人类经过长期实践活动的结果。新时代劳模精神的形成与发展同样不是无源之水、无土之木，而是劳动模范在长期劳动实践中产生，并随着时代发展而变化。

劳模精神也深受各个历史时期实践活动的影响，这不仅是理论与实践的统一，还兼顾了历史性与现实性的融合。一方面党在领导勤劳朴实的中国人民实践过程中，发展了马克思劳动观的合理内核，概括了不同历史时期的劳动实践经验；另一方面，劳模精神以各个历史时期的伟大实践为文化本色，是劳模精神发展壮大的现实底色。

另外，广大劳模群体的实践活动是新时代劳模精神的动力源泉。当今劳模精神展现的是新时代的整体风貌，在高举中国特色社会主义伟大旗帜的实践中，不论何时何地，各行各业都能看到辛勤劳动的身影，他们在某一领域取得辉煌成绩的同时，默默地挥洒着不懈奋斗的汗水，从这方面而言，实践活动是劳模精神保持活性的源头活水。

二、新时代弘扬劳模精神的路径思考

（一）提高全社会对劳模精神的认识

目前，仍然有很多人对弘扬劳模精神的重要性和必要性认识不清，新时代，我们必须采取有效的措施，探索新时代弘扬劳模精神的路径，提高全社会对劳模精神的认识。

首先，当代大学生长期处在"过度代劳"的生活之中，尚未完成其本应在成年前建立起的基本劳动认知、劳动习惯与生活必备的劳动技能。因此，应紧紧围绕生活劳动场域这一基点，以日常生活劳动为主要内容，激发大学生自身主体能动性，系统开展大学生劳动价值观培育实践课程建设，帮助大学生养成良好的劳动习惯，并将劳动作为追求美好生活的自觉行动，在实践中纠正生活方式变化所导致的价值认识偏颇，同时借助高校及日常生活劳动实践予以辅助，培育积极健康的劳动价值观。

第一，发挥主体作用，打通培育劳动价值观的关键节点。在日常生活劳动场域中，学生自身是活动主体，学生的主观能动性是培育良好劳动价值观的首要环节。应在思想上引导学生具有独立思考和明辨是非的能力，使其能够有效做出正确的价值判断和价值选择，同时借助新时代的科技便利，利用海量信息数据拓宽视野，独立思考，自觉抵制不良的劳动价值观。在行动上，大学生应积极主动参与日常生活劳动，体会劳动给个体带来的满足感和幸福感，在劳动中锻炼艰苦奋斗、吃苦耐劳的精神。

第二，强化生活劳动场域对大学生劳动价值观培育的刚性规约。高效率、快节奏生活中，人们疲于劳动、简化劳动，借助快递、外卖等新兴行业代替以往劳动。面对这种低劳动欲望情况，需要强化日常生活劳动场域对大学生劳动的强制规约。人类是劳动创造的，社会是劳动创造的，劳动是一切幸福的源泉。生活离不开劳动，积极参与日常生活劳动是创造美好生活的重要保障。对于大学生而言，参与日常生活劳动不是一道"选择题"，而是一道"必答题"。依托日常生活劳动场域的传统优势，强化大学生劳动价值观培育的刚性规约，以明确的目标、细致的要求、严格的规定，为大学生参与日常生活劳动画出一条底线，使大学生真正体会劳动的艰辛与不易，摒弃好逸恶劳的错误观念，引导大学生养成良好日常生活劳动习惯，提高劳动自立自强能力，自觉成为热爱劳动、勤于劳动、善于劳动的劳动者。

第三，构建课程矩阵，激发大学生参与日常生活劳动的发展性需求。面对社会主要矛盾的转变，我国高校要高度重视对学生精神生活的满足，完善劳动课程体系，引导学生在劳动满足生存需要和生活需要的基础上产生更高水平的精神需求，实现人的本质回归。应将作为主渠道的思想政治理论课与劳动价值观培育课程交叉推进，形成高校劳动价值观培育的课程矩阵，将日常劳动教育贯穿课程全方位；应立足生活劳动场域，在鼓励大学生积极劳动的同时，也要注重回应大学生对参与日常生活劳动的现实需要，坚决避免将劳动仅视为一种被迫的生存所需，而应引导大学生逐渐将其上升为发展需求，将生活劳动视为实现美好生活需要的必要条件，将参与生活劳动变成一种主动的价值实现，将辛勤劳动、诚实劳动、创造性劳动转化为个体的自觉行为，形成"劳动最光荣、劳动最崇高、劳动最伟大、劳动最美丽"的价值共识，培养"尊重劳动、崇尚劳动、热爱劳动"的劳动情怀。

其次，以"学用融合"充实生产劳动场域的价值内涵。实践出真知，劳动长才干。坚持教育与生产劳动相结合，是我党长期以来育人、育才工作的传统做法与经验优势，也是新发展阶段落实立德树人根本任务的有效载体。加强大学生劳动价值观培育，应坚持以生产劳动场域为基点，鼓励大学生积极参与生产劳动，在实现人力资源优势向经济效益转化的同时，实现知识价值与知识认知的统一、个人价值与时代价值的统一，进而帮助大学生在实际生产生活中完成自我构建。

第一，坚持教育活动服务于生产劳动，降低传统劳动观念中的消极因素。青年要积极参与实践活动，在劳动中锻造正确的劳动观。高校应该强化专业与劳动实践的结合性，开展多项专业实践活动，加强校企合作、产教结合，引导学生积极主动参加实践劳动。同时，在实施专业实践教学时，应引导学生感知新态势下的新行业、新知识，了解生产劳动发展趋势，正确认识任何形式劳动都有其自身的重要意义。另外，要提高大学生对生产劳动锻炼的重视程度，引导大学生积极参加实习实训，提高其自身在生产实践中发现问题、分析问题和创造性解决问题的能力，能够在生产实践过程中将学校教育获得的知识转化为现实生产力，创造出有价值的劳动成果。与此同时，应引导大学生在生产劳动实践中验证理论逻辑，在理论与实践的高度融合中加强专业范围内的技能培训，在改造客观世界的同时不断改造主观世界，培养起扎实的专业理论水平和较强的动手应用能力，进而全面激发大学生劳动探索的兴趣，深化大学生正确的劳动价值观认知。

第二，坚持生产劳动反哺教育活动，减少劳动价值"差序认知"。高校要注重开展生产劳动实践，要引导学生在生产劳动中感知时代需要，面向新的社会生产方式，促进专业知识革新；在生产劳动中求得真学问、明得真道理、练就真本领，切实激发大学生参与生产劳动的积极性、主动性；在生产劳动中焕发劳动热情、厚植劳动情怀，牢固树立起正确的劳动价值观。

高校应借助生产劳动实践的契机，一方面，严把生产实践质量关，在统筹大学生进行生产实习劳动资源的基础上，实现学生在进行高质量劳动的同时接受到高质量教育，做到劳育结合；另一方面，拓宽教育队伍，将生产实践优秀工人、技术标兵、劳动模范纳入教师队伍，实现双线育人，发挥其劳动榜样的带动作用，让大学生切实感受榜样的劳动态度、劳动意志，从而形成劳动平等的概念，对"后工业时代"形塑的劳动价值"差序认知"加以纠正。

再次，以"长效共赢"增进服务性劳动场域的利他价值体认。服务性劳动具有强烈的公益性和利他性，同时也为大学生劳动价值观培育开拓新视角、提供新资源、搭建新载体，有利于大学生劳动情怀的培养和劳动精神的塑造。因此，加强大学生劳动价值观培育应坚持以服务性劳动场域为重点，构建高校、社会、政府的服务体系，发挥合力作用，思想灌输和潜移默化双线并进，引导大学生正确认识服务性劳动的潜在效益，在参与服务性劳动中体认劳动的利他价值，实现长效共赢，以应对精致利己和功利主义的冲击。

第一，统一思想，提高认识。随着互联网信息技术的飞速发展，各种良莠不齐的信息对大学生的劳动价值观造成冲击，精致利己主义在不断侵蚀大学生的思想，部分学生不再将服务性劳动作为个人的自愿劳动，而是更多地去考量能为自身带来什么好处和优势。面对这种趋势，应积极引导大学生统一思想，形成对服务性劳动的正确认识。高校作为对大学生影响最大的场所之一，需要在已有的劳动价值观培育相关课程基础上构建高质量的校园精神文化，形成文化为外、劳动为内的校园文化氛围。应举办多种劳动教育精神文化活动，将优秀劳模、感动中国人物等引入校园；同时将国际劳动节、端午节、植树节等节日与劳动教育结合，将劳模精神、奉献精神、奋斗精神传递给学生，提升大学生在服务性劳动中的获得感与满足感，让学生在亲身参与中认识国情、了解社会，在服务奉献中增长才干、涵养情怀，潜移默化地培育起正确的劳动价值观。

第二，社会支撑，主流引导。部分学生参加服务性劳动并非出于"善"和"爱"，服务性劳动逐渐被动化，针对于此，应着力引导学生形成对服务性劳动的正确认识，提高学生自身的价值认知，使其主动做出正确的价值判断和价值选择。社会作为大学生劳动的大环境，社会主流想法对学生的引导和影响是不容忽视的，应发挥社会对培育大学生劳动价值观的引导作用。承担社会发声器的主流媒体要做到正确引导，营造大爱奉献的社会氛围。主流媒体要紧跟党的领导，坚持正确的方向，运用大学生喜闻乐见的形式，借助微电影、短视频、电视剧等形式对人民为国家、为社会所做的事情加以宣传。劳动不分贵贱、奉献不分大小，只要爱岗敬业、为社会做贡献，就是对党、对国家、对社会的爱，都值得被赞扬。同时，也以此击溃不良媒体传播的利己、自私的舆论，澄清谬误，引导大学生明辨是非，自觉主动参与服务性劳动，自觉形成健康积极的劳动价值观。

第三，整合资源，搭建平台。面对服务性劳动"有偿"化，学生参加服务性劳动失去原有的自愿性、无偿性现象，要整合社会和高校多方资源，在发挥高校组织者职能的同时发挥社会组织的教育作用，着力构建以服务性劳动为主体的实践育人共同体，建立多种形式的服务性劳动实践基地，完善服务性劳动成果评价体系，健全大学生参与服务性劳动的长效机制。高校在政府指导下应组织学生参加"三支一扶""三下乡"等社会实践活动，让学生在服务性劳动中感受劳动的价值；同时发挥社会组织的教育作用，高校作为链接学生与社会组织的通道，应当让学生有机会参与到诸如中国红十字会、中国社会福利基金会、中国妇女发展基金会的工作中，切实保障服务性劳动真正融入日常、抓在经常、做在平常，使学生切身感受服务性劳动对社会所做出的贡献，感受到自身劳动的价值，在服务性劳动过程中接受优秀劳动文化熏陶，自觉承担起身为社会主义建设者和接班人的使命和担当。

最后，以"孵化发展"营造创新创业劳动场域的良好生态。创新创业关乎人的思维方式和生存哲学的转换与进阶，是劳动的一种高级阶段。新时代，创新创业劳动场域中缺乏时代所需的创造性劳动价值追求的生成场域。要实现我们的奋斗目标，高水平科技自立自强是关键。要坚持实施创新驱动发展战略，把科技自立自强作为国家发展的战略支撑。如何最大限度地释放全社会创新创业的潜力与动能，用创新创业激荡高质量发展的浪潮，促进新发展格局的形成，是一个艰巨而又举足轻重的问题。

第一，调整观念。社会的激烈竞争、压力的层层叠加导致大学生在人生抉择的十字路口，无法正确做出职业选择。高校作为学生迈入社会就业的最后阶段，承担着塑造科学积极劳动价值观、正确择业就业观的重要使命。面对消极化的劳动态度，高校应在原有的就业指导课程基础上开设更为契合的职业生涯规划教育，针对不同专业学生制定不同的课程体系和教学方案，鼓励学生探寻自身的兴趣优势，激发其劳动追求，使其准确高质制定自身的职业规划，同时根据社会发展需要，调整职业生涯教育方案，将社会需求与学生供给合理调配，实现各有所需、各取所得、双赢发展，从而使大学生形成正确的就业择业观，最终培育其积极健康的劳动价值观。

第二，激发创新，重塑学生的创新思维和创新意识。面对世界百年未有之大变局，世界各国对创新型人才的需求日益增强，过去传统式人才培养模式已不能满足需求，创新已成为最新追求。作为素质教育和职业教育有机结合的创新创业教育，成为人才劳动价值观培育的重要一环。高等学校中大力推进创新创业教育，要以提升学生的社会责任感、创新精神、创业精神、创业意识和创业能力为核心。高校一要深化创新创业教育改革，将创新创业课程与专业课和公共课结合，构建立体化全方位育人模式；二要整合资源，构建创新创业教育与高新企业、中小企业的有机合作，实现产学研一体，在激发学生创新创业精神的同时，让学生明确创新与劳动的关系，正确看待劳动，明确创新需要劳动实现，劳动依靠创新提升。

第三，构建体系，实现国家政策与现实境况的有效对接。仅靠国家层面政策部署，大学生的实践创业仍以生存型创业为主，难以达到政策颁布的最终目的，国家与创业大学生之间存在一定的联通欠缺。应建立党委统一领导，党政齐抓共管的创业服务体系，营造"鼓励创新、支持创业"的文化氛围。高校作为联通政府和大学生的桥梁，对大学生进行创新创业教育、培育劳动价值观时要坚持立德树人的教育初心和使命，成立学校党委领导、校长负责制的领导小组，发挥指导核心作用，整体把握劳动价值观培育工作，领导大学生就业指导中心、创新创业孵化基地做好本职工作，加大对培育学生创新创业精神的政策倾斜和资金支持；定期培训教师队伍，确保每一位教师了解国家政策，并能将政策解读分析给学生，实现各部门各负其责，协调有序进行创新教育；鼓励原始创新与有意义的创新，强调尊重学生在创新创业过程中的所有想法与努力，鼓励学生把创新创业劳动变成开发自我潜能的天地，并优化整合场域资源，以确保随时能够给予学生全方位的助力，为提升学生就业创业能力、树立正确择业观念创造有利条件。

（二）构建弘扬劳模精神的宣传体系

新时代弘扬劳模精神并使其得到社会大众广泛认可接受，加强媒体宣传是必不可少的渠道之一，具体表现为充分利用媒体宣传劳模精神，合理规划路径、坚持正面宣传为主的方针，聚焦现实事例、创新传播载体，革新宣传观念以此营造弘扬劳模精神的良好舆情氛围。

1. 始终坚持正面宣传为主

在宣传弘扬劳模精神时，新闻媒体应当多维度挖掘正向内容，积极报道先锋模范，塑造先进典型人物，为新时代弘扬劳模精神营造良好的舆论氛围。

（1）深入研读"团结稳定鼓励，正面宣传为主"的方针，明确把握宣传方向，营造良好舆情氛围。

一是需要媒体工作者积极关注重要发言，深入学习并认真贯彻党和国家领导人的重要讲话，让人民群众深刻感知到党和政府对劳动的重视、对劳动者的需要、对劳模精神的推崇。

二是需要媒体工作者宣扬劳模事迹时聚焦报道群众中涌现出的先进人物，将党对弘扬劳模精神的方针政策和群众生活紧密结合，着重增强思想宣传工作的亲和力和感染力，力图为人民群众喜闻乐见。

三是实事求是地反映现实生活主流，让人民群众亲手创建的美好生活教育自己，形塑一个有利于弘扬劳模精神的舆论环境。历史是这样，在人民群众掌握了自己命运的今天更是这样，要坚持从大局谋划报道布局，从主流把握报道重心，使新闻舆论工作始终打在时代的鼓点上。

（2）大力加强宣传队伍建设，打造一支业务能力强、政治素质高的思想宣传工作队伍。建设高素质的人才队伍，是确保宣传思想文化工作沿着正确方向发展的重要前提，也是增强思想宣传工作的凝聚力和战斗力的根基所在。一方面，新闻媒体作为宣传劳模精神的主阵地和最前沿，弘扬劳模精神是工作之本，身居劳模典范故事最前沿的媒体人，更是激励广大媒体工作者成为一名劳模新闻人；另一方面，强化媒体工作队伍制度建设，按照党的要求和原则开展劳模精神的宣传工作，在综合传播实力上下功夫，提高讲好劳模故事传播典范声音的能力。

2. 实现新旧媒体融合对接

以互联网为代表的新兴媒体和以广播、电视为代表的传统媒体是宣传劳模精神的两种主要形式，实现二者融合对接是新时代弘扬劳模精神的必要举措。随着"互联网+"时代的到来和信息技术的不断发展，大众的信息获取方式发生明显改变。网络新媒体在传播上优势显著：①信息覆盖范围和推广渠道更广，除各大媒体平台的官网官微外，还有诸如微博、抖音、视频网站、问答平台、各类软件、小程序等；②信息传播的针对性和速度更强，网络新媒体运用自身强大的算法功能，在极其短暂的时间内将信息有针对性地投送给目标群体；③信息表现形式与组合更丰富，图文视频的传播矩阵引发读者共情；④信息反馈与双向沟通更及时有效，网络新媒体可利用后台评论与目标群体进行实时互动，迅速得到反馈并做出调整，不仅于受众而言体验上佳，于媒体而言则更有利于讲好劳模故事并做好舆情监控。

当下，要使弘扬劳模精神弘扬的效果更佳，就必须不断与时俱进，创新宣传方式，实现新旧媒体融合对接，不仅要讲好劳模故事，更要传播好劳模精神对实现中华民族伟大复兴的现实作用和时代意义，提高作品的质量和水平，增强宣传内容形式的创造力、感召力、公信力。与此同时，传统媒体应发挥自身独特而深厚的优势，以资源共享、优势互补，实现一体化弘扬劳模精神。

3. 坚持以人民为中心的导向

宣传工作中秉持新思维、新理念是新时代弘扬劳模精神的关键，舆论宣传工作作为我党治国安邦的重要大事，新闻宣传工作要坚持以人民为中心。因此，在进行劳模精神宣传时，可以从以下方面着手：

（1）新闻媒体要坚持以人民为中心，深入基层一线，推出一批有深度、有温度、有厚度的模范事例，要多报道人民身边的模范。

（2）革新宣传观念，克服宣传报道脱离生活、不接地气的问题，坚持用小切口讲大道理，在潜移默化中把劳模精神外化于行变成广大群众的自觉行动。

（3）要求在进行劳模精神的宣传时，要坚持新闻的准确性原则，确保劳模宣传的准确性和透明度，不能为了追求传播效果而刻意夸大劳模形象，使得劳模形象脱离生活实际，这样对于劳模精神的传播不仅不能起到宣传作用，还会使人们和劳模之间产生距离感，对于劳模无法真正感同身受，甚至对劳模形象存疑。

总而言之，新闻媒体在进行劳模精神的宣传时要坚持以人为本的工作导向，宣传报道人民群众在建设幸福家园中的接续奋斗和火热生活，确保劳模事迹宣传得准确、真实、合理，发挥劳模精神的感召作用。

第三节　新时代劳模精神的培育路径

劳模精神引领我国社会事业不断前进和发展，进入新时代，需要从加强教育改革、创新媒体宣传、健全劳模管理等不同角度出发，各个主体多措并举，形成合力，从现实情况出发，走出一条培育劳模精神的实际路径。

一、深化劳模精神教育的系统化改革

传承和弘扬劳模精神首先要充分分析和学习它的精神内涵，教育在这

方面有着举重若轻的优势，所以我们运用不同的教育方式和手段，创新劳模精神的教育体系，学习、宣传劳模精神，从家庭、社会和学校三方面入手，形成系统的劳模精神教育体系，将其深深融入人民群众的日常生活。

（一）重视家庭教育

家庭是社会的基本单位，也是教育人才的重要场所，家庭是社会细胞，也是人生最先进入的学校。无论这个时代如何变化莫测、出乎意料，每个人出生后首先受到家庭环境、家庭成员等潜移默化的浸润和感染，在家庭接受学习，养成良好的习惯。家庭是人们受教育的第一个场所，家庭中成员是我们人生的第一个教师。家庭教育是其他教育的起点和源头，没有打好家庭教育的根基，学校教育和社会教育将无从谈起，培育杰出的人才更是天方夜谭、镜花水月。所以，从家庭教育开始，让学生倾听劳模事迹，耳濡目染地培育学生热爱劳动的良好习惯，打好弘扬劳模精神的基础。

1．引导学生树立劳动的观念

思想意识具有计划性，学生的思想意识的好与坏在一定程度上决定了他们的人生轨迹，因此从小引导学生树立正确的思想弥足珍贵。在思想意识层面，要系好人生的第一粒扣子，养成劳动光荣、劳动自豪的良好习惯。在学生的日常学习中、家庭饭桌上和娱乐玩耍等点滴小事中，运用和颜悦色、教育口吻等方式潜移默化地帮助学生树立坚定理想、劳动光荣、服务他人的思想观念，进而让学生充分意识到要时刻树立奉献意识。人生是短暂的，但服务和奉献是无限的，用自己的实际劳动服务真正有需要的人，不仅可以得到最崇高的鼓励，还能享受人生境界的升华，进而实现人生价值，书写非凡人生。细节决定成败，态度决定一切，严谨的态度对学生以后的发展具有不可替代的功能。

2．传承尊重劳动的良好家风

家风是一个家庭风气和风格的显著标志，也是传承优秀传统文明的重要媒介，良好的家风能够潜移默化地影响后代。父母是学生的第一个人生导师，他们的认知能力和水平或多或少地影响和改变着学生的三观，所以树立尊重的理念必须以传承良好的家风为出发点。

（1）鼓励学生积极参加劳动，在日常生活中，重视学生的动手实践能力，比如打扫家庭卫生、参加养老院服务等，鼓舞学生领会劳动的价值、学习劳动的意义，养成劳动的良好品格。

（2）树立榜样的力量。一方面家长在实际劳动中以身作则、身体力行、为人师表，争做劳动模范，传承劳模精神的标兵；另一方面注重加强家庭成员之间的日常交流，茶余饭后、娱乐休息中给学生讲述激动人心的劳模日常和劳模事迹，激励学生树立劳动的思想意识，让劳动的种子在学生心中生根发芽，并认真倾听学生的心声，解决他们心中的困惑。

（二）关注学校教育

学校是培养人才的重要场所，也是学生接受教育的主阵地，浓郁的学习氛围和严谨的校园风气让广大学生在这里求知、求教和增强扎实本领。同样，学校也是宣传劳模事迹，传承劳模精神的"主战场"，一批批学生不仅思维敏捷、头脑活泼，也能更快地学习和接受新鲜事物，还能更及时地把劳模精神内化于心，外化于行，更好地传播正能量。

第一，在校园文化中融合劳模精神。校园文化是学校特有的文化体系和精神支撑，它能充实学生的知识技能，磨炼学生心智，升华学生思想境界，加快建设校园文化不能急功近利、急于求成，要因地制宜、与时俱进，适当的融入劳模精神的元素。我们可以举办劳模精神教育主题班会，规划传承劳模精神平台，开展弘扬劳模精神活动等，让学生在润物无声、不知不觉、潜移默化中受到劳模精神的感染。校园活动也是对学生推广劳模精神教育的有效途径，学校通过举办歌唱比赛、征文大赛、诗文演讲、文艺节目等途径传承劳模精神，让学生在积极参与、准备时，运用他们的创造和理解，深入学习和贯彻劳模精神的内在要求。这些活动将索然无味的抽象理论变得生动活泼、五彩缤纷，更大程度地吸引学生的注意力和关注点，对传承劳模精神达到意想不到的效果。

第二，把劳模精神引入教学中。学校是引导学生不断学习进步的主阵地，教师是学校教育的中坚力量，他们向学生传递文化知识，不仅对于学生做人做事起着关键作用，还影响着弘扬劳模精神的效果和效率。所以学校学生要学习和理解劳模精神，学校教师也要学习和弘扬劳模精神，教师身上体现的脚踏实地、孜孜不倦、一丝不苟、兢兢业业的思想品质与劳模精神大同小异。劳模精神是教师不断进步的动力，可以拓宽教师的教学视野，创新知识结构，更新知识框架，为社会主义事业不懈奋斗。

（三）加强社会教育

培育和弘扬劳模精神，需要不断更新落后腐朽的劳动思想，树立新时期的劳动观。随着时代发展进步，面对复杂多样的国内外环境，弘扬和传承劳模精神不仅需要家庭教育和学校教育，还需要社会教育的配合，运用多种教育形式、手段和内容，提高人们的思想认知，丰富人民的知识需求。利用社会教育弘扬劳模精神能够弥补学校教育和家庭教育存在的不足，它是学校教育和家庭教育的辅助和补充，有利于搭建劳模精神教育大讲堂，形成一种学习和弘扬劳模精神的良好社会风气。

二、健全劳模精神管理的长效机制

（一）健全维护劳动者合法权益机制

人民群众的精神追求寓于物质基础之上，这也是人民群众践行劳模精神的生存前提，需要不断建立和完善体制机制来保障劳动者合法权益，让广大劳动者受到尊重与保护。

第一，贯彻合理的就业政策。就业是关乎百姓最根本的民生话题，也是当社会最渴望解决的热点话题，把这个问题处理好关乎人民群众的生存和发展，拥有一份体面的工作以后才能享有高质量生活，进而达到精神层面的富足。党和政府从实际情况出发，践行人民至上的理念，采取稳健的就业政策，确保经济实现持续性发展，给全国人民提供充足的就业岗位，解决他们的日常生活和后顾之忧；提供政策和资金支持，鼓励大众创业，服务人民就业；开展职业技能培训，提高劳动者技能，提升劳动者素质等。

第二，建立合理的收入分配机制，保障收入分配公平。改善民生，提升人民幸福指数需要构建公正合理的收入分配机制。

（二）健全公共文化的服务机制

公共文化服务是多个主体共同参与的，为满足公民基本公共文化需求，向公民提供基本文化服务的总称。建立和完善公共文化服务是弘扬和传承劳模精神的有效途径，因此我们建立和完善公共文化服务机制，为弘扬和培育劳模精神奠定坚实的文化基础。

第一，建立以资金为支撑的文化投入机制。运用国家公共财政和社会募捐等多种手段，加大对公共文化体系的投入，为保证公共文化的正常运转提供充足的资金支撑。另外，要运用经济政策、法律手段和行政途径等多种措施促进各种社会资源向文化领域及时流动，健全文化服务基础设施，提高文化服务的考核标准。

第二，深化以"两文化"为核心的文化体制改革。当前经济发展的不平衡导致文化发展的不合理，所以，重视文化资源均衡分配，不要一条腿走路，合理加大文化资源向农村地区倾斜，推动城乡公共文化服务均衡发展。发展文化产业，要因地制宜，实事求是，从人民的不同需求出发，不断丰富文化产品范围，发展适合不同群体的文化需求。同时，提高文化产业质量，拓展文化作品的深度，扩大文化产业总量，培育符合时代潮流的文化产业。

第五章　工匠精神及其育人模式探索

第一节　工匠精神培育及其价值意蕴

一、工匠精神培育概述

（一）工匠精神的特质

"工匠"是工匠精神产生的本源和主体。广义的工匠精神不再是特指凝结在制造业劳动者身上的态度和品质，而是指所有社会成员在生产生活中不断追求完美的一种价值观念。

在中华优秀传统文化视域下，中国作为最早产生工匠群体的东方国家，有着悠久的工匠文化，形成了独具特色的工匠精神，主要表现为以下三种特质。

第一，尊师重道的求学精神。在有国家这个概念以前，工匠主要是以氏族或家族为单位进行世袭的工人群体，因此中国古代工匠的技术是通过家族传承或师徒传承来进行延续的。同时，由于我国古代人民崇尚学徒制，师徒传承更是成为了最为普遍的传承方式。学徒在进入师门后，老师不仅会传授其技艺上的知识，更为重要的是在求学的过程中言传身教，教给学徒为人处世的道理。

第二，德艺兼修的道德信仰。工匠精神自其肇始，一直深受中华文化的浸染，形成了具有中华文化特色的工匠精神。自古以来，崇尚"以德为先"就是我国工匠们所遵循的价值准则，"德艺兼修"则是他们所追求的道德信仰。

第三，道技合一的人生态度。"道"是一种活的精神，实践是真正追求"道"的唯一途径。对于历史上那些被称为"圣人"的工匠而言，所追求的不仅是高超的技艺，而是希望通过这种方式来领悟真正的"道"，从而实现人生的价值超越。因此，"练技"和"修心"是同一过程的两个方面，工匠们日复一日通过"练技"来打磨技术的过程，也是其发挥主观能动性，不断提升修养、修炼内心的过程。

新的时代特征赋予了工匠精神新的时代内涵。工匠精神体现了劳动者，特别是普通劳动者的价值，是一种对劳动的理念认知、行为践行的集中表现，具体有以下四个方面。

第一，执着专注。执着专注是一种全神贯注的精神状态，体现了从业者对自身工作的热爱以及高度的责任感。几千年来，中华民族都始终勤勤恳恳地追寻自己的远大抱负，自古以来的愚公移山、精卫填海、神农尝百草等神话故事，表达的不仅是古代劳动人民探索自然、征服自然的强烈愿望，更是人们为了生存发展所表现出来的奋斗不止、奋发笃行的精神，这就是执着专注精神的原始体现。这种信念追求，对中国工匠具有极其特别的意义。一个人只有始终做到专心于工作，不放过任何一个微小是细节，在遇到困难的时候依然可以保持着"一生只为一事来"的信念，才会收获不错的结果。

回顾历史，我们取得的所有成就和成果，实现的每一次跨越和前进，都离不开劳动者艰辛而执着的劳动。无论是古代改进造纸术的蔡伦，还是现代经历数百次失败后发明青蒿素的屠呦呦，他们身上都体现着执着专注的精神。工匠们也正是秉持着这种执着专注的精神，在实践中百折不挠，不断攻坚克难，才得以突破一个又一个阻碍，最终实现中国特色社会主义现代化的远景目标。

第二，精益求精。精益求精是一种品质追求，强调了质量上的完美和技术上的极致。自古以来，精益求精就是工匠身上最重要的精神品质，也是历代工匠们一以贯之的工作作风。工匠们在实践的过程中，出于对高超技艺的极致追求和对完美品质的渴求，才能对工作中的每一个环节、每一个方面、每一个步骤都做到在"好"的基础上追求"更好"。无论是古代还是现在，对一个真正优秀的工匠来说，达到要求、完成任务只是最基本的底线，全力以赴、做到极致才是最终的目标。

第三，一丝不苟。一丝不苟是工匠们在面对职业道路上的困难时对自我的一种要求，强调了工作细节上的坚守和工作态度上的严谨。从事制造业的工人们在工作中经常会遇到极其精细的作业活动，而这些活动通常又无法用机器来代替，基于这种现实情况，工人们必须着眼于细节，依靠自己的双手来完成作业任务，并尽最大的可能去减少成品与设计要求之间的误差。同时，现实情况也要求工匠们在每一次的实践中都始终保持"永远会把它当成第一次去干"的态度，以敬畏之心对待每个细节。格外强调"第一次"，是因为人们为了避免产生麻烦、顺利开展实践活动，通常都会在第一次执行某项实践活动时以小心谨慎、一丝不苟的态度去对待，保持注意力的高度集中。

造物是工匠们的首要职责和伟大使命，产品的质量直接体现着工匠自身的职业素养和职业风貌，是绝不容忽视的。产品上出现的小瑕疵直接反映了工匠的懈怠和不专业，以至于产品和工匠本身都不能取信于人。因此，只有那些始终保持高度耐心、一丝不苟地对待每一项工作的人，才能被称为具备工匠精神的职业化人才。

第四，追求卓越。追求卓越是一种理想信念，体现了工匠们理想上的远大和目标上的高远。工匠制作产品时的立足点和着力点应该放在追求作品自身的完美上。追求卓越也暗含着创新创造。工匠们在实践的过程中，总是会将自己的"精神"融入其中，使自己的劳动过程变成一种创造性的活动。回顾人类发展进程，是无数人的辛勤劳动和立异革新造就了社会的不断发展和科学的巨大进步。作为工匠精神的伟大使命和价值追求，创新创造也是每一个现代劳动者必须具备的素质。随着时代的变迁，科学技术在国家发展、社会进步、人民幸福中发挥着前所未有的重要作用，作为工匠所追求的最高境界，创新是他们终其一生所要实现的远大理想。

（二）大学生工匠精神培育

1. 大学生工匠精神培育的含义

大学生工匠精神培育的关键所在是"培育"。通过教育使大学生具备并践行工匠精神是一个倾向于目标的概念，需要社会宣传引领、高校文化渲染、家庭氛围熏陶和个人主观努力来形成多方合力。根据政策及概念界定的范式，本文认为大学生工匠精神培育就是以贯彻落实立德树人的根本要求为目的，培养德智体美劳全面发展的新时代青年。立足于新时代中国特色社会主义的现实条件，对于大学生工匠精神的培育应该遵循大学生精神品质形成发展规律和工匠精神的发展逻辑，有目的、有计划、有组织地对大学生施加影响，不断增强其对工匠精神的情感认同，提高自觉践行工匠精神的主动性，使他们能够把工匠精神内化为自身的思想意识和道德品质。

总的来说，大学生工匠精神培育立足于新时代中国社会发展的总体要求，既强调大学生要具有体现民族精神的工匠情怀，又强调大学生要具有展现现代水平的工匠风范。培育大学生工匠精神，能够激励青年一代走技能成才、技能报国之路，从而培育出更多高技能人才和大国工匠。

2. 大学生工匠精神培育的特征

大学生工匠精神培育作为一项以育人为目的、以育德为追求的实践活动，具有鲜明的政治引领性、守正创新性、协同联动性，深入挖掘其内涵特征，对于在大学生群体中弘扬和培育工匠精神具有基础性意义。

（1）政治引领性。新时代呼唤新青年，新青年造就新时代，大学生工匠精神培育作为不断完善的动态性过程，始终体现大局需要、反映时代特征，以培养助力当下社会进步的青年人才为目标，不断为其增添新的内容。

第一，大学生工匠精神培育与新时代需要相适应，依托习近平新时代中国特色社会主义思想培育锐意进取、勤学苦干的大学生，锤炼其勇于创新、敢于创造的精神品格，鼓励其形成以匠心追梦、以技能报国的精神目标。

第二，大学生工匠精神培育与新发展阶段人才培养目标相适应，以培养高素质技术技能型人才为目的，在大学生课程体系设置过程中融入勤奋、敬业的人文精神培育和创新创造的实践技能教育，使其能够自觉适应新发展格局，展现新时代青年斗志昂扬、苦干实干的精神风貌。

第三，大学生工匠精神培育与新技术进步相适应，在中国制造实现"品质革命"的同时，高质量的劳动大军不断吸收最前沿的技术成果，深入学习了解新兴科技；大学生工匠精神培育工作更是以树匠心为追求，以育匠人为目标，浸润创新创业的精神源泉。

（2）守正创新性。大学生工匠精神培育作为实事求是的客观性过程，始终坚守正道，尊重客观规律，解决新的实际问题，探索新的实践道路，为实现人才强国提供新的支撑。

第一，大学生工匠精神培育工作以大学生教育的客观规律为指导，在实践的过程中不断学习与完善。新的时代背景下大学生工匠精神培育工作更加聚焦于因材施教，关注培育对象的个体化差异，以不同的学业程度与学科属性作为区分，在对大学生进行工匠精神培育的过程中，紧扣立德树人的根本任务对其进行具有针对性的培育。

第二，大学生工匠精神培育工作不断对旧有理论推陈出新，以及时准确地预见性调整培育方案。作为未来技术技能岗位的接班人，将工匠精神融入其学业系统中是应对亟待解决的发展问题的有效措施，具有较强的前瞻性，是着眼当前大势、审视现实大局、谋划未来发展主动权的创新举措。

（3）协同联动性。大学生工匠精神培育作为一个系统工程，需要大学生个人、家庭、高校、社会多方合力、同向同行、协同育人。

第一，大学生作为工匠精神的培育对象，要具有自我培育的意识，在内心接受、认可工匠文化，在提高对工匠精神情感认同的基础上，进一步将工匠精神外化为自己的价值追求和行为习惯。

第二，要重视家庭教育这一环节，家庭作为人生第一所学校，在培育大学生工匠精神的过程中有着不可替代的作用。父母要注重日常的养成教育，在无形中以多种方式向学生进行工匠精神的灌输和引导。

第三，培育大学生工匠精神要坚守高校这个主阵地，在加强师资建设和相关课程建设的同时，利用好校园文化这一隐性教育资源，对大学生进行耳濡目染的教导。

第四，要积极调动全社会的力量，全力配合其他培育主体的工作，合力营造出健康向上的良好氛围，形成培育大学生工匠精神的浓厚氛围。

二、工匠精神培育的价值意蕴

（一）助力于实现国家高质量发展

立足新发展阶段，高技能人才不仅是支撑传统制造业的重要基础，更是为中国力量、中国精神、中国效率提供有力人才支撑和技能支撑的强劲引擎，能切实、强势推动高质量发展，提高我国国际竞争力。

工匠精神能够助力国家高质量发展，实现从制造大国到制造强国的转变。回顾历史可以发现，起初，中国制造业的发展主要是靠引进外来技术，在经历了一段相当长时间的学习模仿过程后，发展成了当今世界第一制造业大国，并且积极融入了全球价值链分工。

新时代工匠精神的培育不再局限于技能训练，而是要丰富精神层面的价值信仰，使工匠精神成为大学生的普遍追求，将大学生培养成劳动技能与思想道德兼具的综合性人才，助推我国高质量发展。

（二）有利于弘扬积极进取的价值观

青年的价值取向决定了未来整个社会的价值取向。在当前的社会背景下，受到各种社会思潮、网络文化的影响，我国大学生价值取向呈现了多元化、复杂化的发展趋势，社会强烈呼吁对大学生进行正确劳动价值观的培养。

为形成积极向上的正确价值观，以工匠精神引导大学生树立正确劳动观。工匠精神具有强烈的社会实践性，是乐观进取、创新拼搏、奋发担当的最好体现，是劳动者克服挫折困苦与艰难险阻、勇担使命与不懈奋斗的精神支柱；也是大学生成长成才过程中不可缺少的养料，是他们勇立潮头、奋勇搏击的动力来源。

大学生是国家的未来、民族的希望。对大学生进行工匠精神培育，可以有效抵制错误价值观的侵蚀，有助于引导大学生树立劳动面前人人平等的观念，使他们认识到无论是体力劳动还是脑力劳动都值得尊重和鼓励，从事任何职业都可以通过双手创造幸福。通过工匠精神培育，培养大学生不断认可劳动光荣的价值观，进而践行奋斗不止、精进不息的拼搏理念，最终自觉成为社会积极主流价值观的倡导者。

（三）有助于培育良好的职业道德

大学生作为这个时代的特殊群体，其道德水平直接关系到整个社会的精神面貌。对当代大学生进行德育培育、提升其道德水平，有助于引导大学生树立正确的世界观、人生观和价值观，提升高校德育的实效性。工匠精神契合了高校德育的这一要求，有助于切实提高大学生的道德素质。

培育大学生工匠精神有助于厘清个人理想与人生价值间的关系。从事何种职业的人都可以在自己的岗位上抒发爱国之情。不论是卓尔不凡的科学家、知识渊博的教授，还是技能卓越的工人、勤劳朴实的农民，抑或是朝气蓬勃的学生，只要能够专注于自己所从事的行业，脚踏实地、兢兢业业、认真负责地对待自己的工作，就有助于国家发展、民族进步、社会和谐，这就是爱国的基本体现。

培育大学生工匠精神是帮助其树立正确职业道德的有效途径。大学生职业道德是大学生这一群体在接受职业教育过程中需要遵守的行为规范和行业准则，可以对其起到一定的监督和制约作用，是大学生思想品德教育效果的具体表现。修业必先修德，大学生能否成为一个有用的人才，关键在于如何处理"德"与"才"之间的关系。

大学生作为推动我国未来发展的核心力量，起着中流砥柱的作用，他们的职业道德水平将会影响到国家的整体步伐。工匠精神是职业素养的最高体现，它要求每个劳动者都能够立足于自己的本职工作，发自内心热爱自己所从事的职业。这恰恰符合爱岗敬业的基本职业道德规范要求，也体现了从业者诚实劳动、讲求信誉的职业道德操守。

大学生工匠精神培育与职业道德培养是一致的，都要求做到对自己的工作认真负责、脚踏实地，能够在劳动的过程中享受付出、收获满足，始终以饱满的精神状态去迎接每天的工作。因此,培育大学生工匠精神有助于引导大学生形成正确的职业道德,强化其社会责任感,在全社会营造一种良好的职业道德氛围。

第二节　工匠精神的多重维度

一、哲学维度

社会中人们的价值取向和思维方式在潜移默化中对工匠精神培育和传承有着不可忽视的作用。因此,培育工匠精神时必须以科学的理论指导实践,一方面发挥马克思主义在工匠精神发展中的指导作用,把坚持以马克思主义为指导全面落实到工匠精神培育和弘扬的各方面;另一方面,正确认知工匠精神才能重塑和培育工匠精神,要坚持价值理性与工具理性的统一。

(一)发挥马克思主义的价值引领作用

传统工匠精神的创新发展也是传统文化现代性转化的过程,这一过程不能动摇马克思主义的指导地位。发展新时代工匠精神首先要将马克思主义基本原理运用于传统工匠文化的传承中,同其中的优秀成分有机融通,以马克思主义为理论和方法指导,推动传统工匠精神的创造性转化和创新性发展。同时,也要用优秀传统工匠文化滋养、浸润并推动马克思主义的中国化。

第一,发挥马克思主义文化观在工匠精神传承与发展中的价值引领作用。工匠精神作为一种价值观念,直接内生于工匠潜心造物的过程中,并且与人类的劳动实践过程息息相关。

上层建筑是经济基础的反映,人类社会物质文明和精神文明发展的进程就是上层建筑和经济基础互相影响、相互作用的结果。所以,文化的发展水平在一定程度上影响人对自然界万物和生产力发展的认知和理解水平,进而影响人类社会物质文明和精神文明发展。

文化能够对个人和社会产生教化作用。文化有传递社会文明的作用,能够使每个人快速掌握更多的经验并形成正确的价值观。文化能够带来无形的社会行为规范来约束人的行为,更能凝聚社会各方的力量,形成强烈的感召力和向心力,推动人们共同理想和共同利益的实现。工匠精神是人类从事物质文化生产时特有的意识形态，传承与发展工匠精神的过程正是人们对精神文化传承和创造的过程。

第二，发挥马克思主义劳动自由观在工匠精神传承与发展中的价值引领作用。工匠精神与马克思主义所提倡的自由劳动相辅相成。新时代工匠精神形成于马克思主义劳动自由观之上，一方面，自由存在于劳动之中，工匠精神提倡的是人自由自觉地专注于手中的工作，自由只有通过秉持工匠精神的新型工匠主动、自发的劳动才能得到确证，人的内在的本质力量也只有通过劳动才能实现。另一方面，劳动自由是感性而现实的自由，每个都能够根据自己的兴趣爱好和自然禀赋在感性的物质生产劳动中发挥自己的潜能，工匠精神倡导要将个人的情感、技艺和品格倾注于手中的物品上，这时，不仅劳动的过程是感性的，作为劳动结果的产品也是独一无二的。

第三，发挥马克思主义职业选择观在工匠精神传承与发展中的价值引领作用。进行职业选择的最初阶段应当先从自身兴趣出发，冷静地衡量自身完成这份工作后，再去选择创造社会价值的职业，这不仅保证个人在从事所选职业时能够做到敬业乐业、臻于至善，并且也有益于个人未来的发展。人只有选择自己喜爱的职业才能够敬畏自己从事的工作，并主动遵守职业道德。

马克思主义职业选择观与新时代工匠精神的基本内涵具有一致性。一方面，新时代工匠精神也包含着职业平等的意蕴，倡导人们在择业时不区别看待脑力劳动和体力劳动，而是选择能够创造社会价值的职业；另一方面，新时代工匠精神要求劳动者在工作过程中要对自己的职业心怀敬畏，马克思的职业选择观也要求人们在选择职业时做到称职、尽职尽责，这与新时代工匠精神中忠于职守，敬业乐业的基本内涵相吻合。因此，要坚持马克思职业选择观在工匠精神传承与发展中的指导作用。

（二）坚持价值理性与工具理性的统一

价值理性与工具理性反映的是人类社会实践过程中目的与手段、终极目的与现实利益、目的性思维与规律性思维之间的关系。人类具有运用理性思维的能力，因此，在认知工匠精神的过程中要坚持工具理性和价值理性相协调统一的思维方式。

具体而言，人的价值理性有助于捍卫人的自身价值。工匠精神属于劳动者的职业美德范畴，能够引导劳动者自我价值的实现和人与物亲密情感的建立。劳动者在正确认识工匠精神，并将工匠精神的基本要义内化于心之后，就会把工作过程看作是生命活动的自主展开，在造物过程中创造出能够表达自身自由意志的产品。这时，所创之物的质量是劳动者的声誉与道德品格的象征，高质量的物品展现出劳动者专注而创新的职业美德。

同时，工具理性能够为价值理性的升华奠定一定的物质基础，工匠精神能够提高制造业自主创新能力、加快制造业转型升级的速度，最终提高企业竞争力，因此，弘扬和培育工匠精神时也应以追求经济的高质量发展为目的。价值理性和工具理性统一于人们弘扬和培育工匠精神的实践中，两者不可或缺，工具理性保障利益的最大化，价值理性关怀人的精神世界。

二、现实维度

工匠精神有利于人这一实践主体自我价值的实现，也有利于高技能人才的培养，在一定程度上将促进社会生产力的发展。为把工匠精神真正落实于人们具体的社会实践活动中，要结合国外培育工匠精神的经验，在坚持马克思主义意识形态、工具理性和价值理性相统一的基础上，根据新时代的时代诉求，从学校教育、企业管理和制度文化三个方面出发提出当前工匠精神培育和弘扬的实践路径，这样能够使工匠精神在培育和弘扬的过程中更有方向性和针对性，有利于推进新时代产业工人队伍的快速建设。

（一）学校教育

学校是人才的主要输出阵地，学校的文化氛围兼容并蓄的特性能够加速不同文化的碰撞、融合和传播。一方面，学校教育是在固定的场所，由专门的教师教授一定的学生的教育形式，通过学校教育向社会输出高素质的人才具有得天独厚的优势；另一方面，学校中的学生是未来进入社会就业的最主要的人群，将来能够成为社会中最具活力的青年。因此，通过学校教育的形式培育社会中的工匠精神是十分有必要的。首先应加强职业价值观教育，注重培养综合素质和职业技能，最后要将工匠文化结合校园文化，重视校园文化在培育大学生工匠精神情感中的作用。

1. 加强职业价值观教育

职业价值观是一个人的人生目标和人生态度在职业选择方面的具体表现，大学生的职业价值观极易受到名利等因素的影响，若形成错误的职业价值观，不仅会影响大学生职业生涯的发展，也可能会造成专业领域人才的流失。为了使工匠精神能在校园中传播和扎根，可以从以下三方面入手：

（1）充分运用思想政治教育的手段。将工匠精神作为教学内容，融入大学生思想政治课的课堂，不论是何种专业的学生都要了解中国具有工匠精神的历史传统，增强学生们对工匠精神的理性认识和认同度。

（2）创新工匠精神的表达方式。充分利用好互联网中的媒体资源，为学生播放宣传工匠精神的视频，观看完之后可以邀请学生撰写观后感并在课堂中分享，增强学生对中华优秀传统文化的自信心，引导学生形成崇尚劳动、尊重劳动的价值观，以加强对学生的职业平等观教育。

（3）帮助学生树立正确的职业价值观还需要学校认真落实职业生涯规划教育。除了督促学生掌握专业知识技能以外，也要让学生以自己的职业兴趣为基础，对相关职业进行充分的考察和了解，对自己的性格和能力进行明确的定位和准确的评价，树立适合自己的职业目标。

2. 建设新型师资队伍

综合素质包括一个人的知识和技能水平、身体素质、思想道德品质、人际交往能力等方面的内容，综合素质较强的学生具备自主学习和创新的积极性，将来更容易成为高素质和高技能兼具的人才。综合素质的培养贯穿学生教育生涯的各阶段，从幼儿园阶段至大学阶段家长和教师都应重视学生综合素质的发展。

要以优秀的师资队伍提高学生群体的综合素质，可以从以下三方面入手。

（1）大力引进相关学科的专业型人才，壮大优秀的师资队伍，努力建成"双师型"教师队伍。教师不仅应具备专业的理论知识，也应该拥有过硬的科研能力和熟练的职业技能。综合性大学可邀请职业院校中专业技能突出的教师进入本校课堂，加强两校之间课程合作；或是积极开展教师职业技能比赛，激发教师主动学习的热情，填补教师们仅擅长在课堂讲授理论知识，但在实践工作中经验不足的弱势。

（2）优化教学内容。教师是学校教育中的引路人，在引导学生形成良好品德的同时，也向学生传授有利于学生成才的专业知识和专业技能。教师在教书育人的过程中要心怀"匠心"，通过各种途径提升自身的科学文化素质，在教学的过程中持有热爱和专注的态度，以关怀之心对待每一位学生，久而久之，学生们也能够被这种敬业和专业的职业态度所感染。只有在全方面协调发展的教师队伍的影响下，学生的知识和技能水平以及思想道德品质才能得到全面、系统的提高，成长为产业工人队伍的后备人才。

3. 工匠文化与校园文化融合

校园文化是学生在校园中参与文化活动的过程中形成的，良好的校园文化环境对学生成长能够产生积极的影响。学生们能够在参加校园文化活动的过程中形成健康向上、积极乐观和诚实守信的高尚品格，树立正确的价值观。校园文化是宣传工匠精神的重要介质，要利用工匠文化中所蕴含的爱国主义精神、与时俱进的创新精神和坚守传承的职业操守推动校园文化的形成。

（1）对校园环境进行合理、整体的规划，突出工匠文化的特点及所体现的人文精神，实现工匠文化在潜移默化中影响人、教育人的目的。同时，挖掘学校精神与工匠文化内涵的耦合之处，建设特点鲜明、育人为本的校园文化；协助学生在对以校风、校训、学风为代表的学校精神的充分认同中确立积极向上的理想信念，进而激励大学生群体中工匠精神的内化。

（2）以工匠文化为特点升级主题活动和团建活动。可以利用"工匠日"组织相关团日活动；引导书画社策划工匠文化为主题的作品展；开展与工匠文化相关的论坛、演讲知识竞赛；等等。

（3）注重对校园工匠文化的凝练和深入探索，拓宽工匠文化的宣传途径，重视校园文化在培育大学生的工匠精神过程中的重要作用，有效推动大学生从认同"工匠精神"到践行"工匠精神"，最终顺利向社会输出高素质、高技能的人才。

（二）企业管理

企业是新型工匠们成长和发展的摇篮，发扬工匠精神不仅关乎企业自身的发展，也与国家的富强和民族的兴旺息息相关。企业在工匠精神的培育和弘扬过程中是极具凝聚力和感染力的有效组织，为保障学校输送来的高技能型人才在企业中最大限度地发挥作用，企业要制定高效管理制度激发人才的创新活力。

1. 企业内部积极开展良性竞争活动

企业应坚守工匠精神的核心理念，把践行工匠精神转化为一种自觉行为。良性竞争活动能促使员工以岗位职责严格约束自己，促进企业日常生产经营的持续开展。因此，可以通过开展员工之间的良性竞争活动，培育技能精湛的技术型人才、打造一流的产品和服务。

（1）开展良性竞争活动前要帮助员工树立正确的工作态度，使职工明白工作不仅是获得薪酬的过程，也是个人价值实现的过程。

（2）企业管理者与普通员工一起探讨、制定详细的内部竞争条例。

（3）完善工作绩效评估机制。用荣誉激发员工的工作热情，这有利于塑造一支具有积极工作态度的产业工人队伍。

（4）大小企业都要建立起科学而公平的内部竞争上岗方案，以防止人才的流失、保障管理层队伍的质量。只有企业内部职工对工作充满热爱，不断地挑战自我、完善自我，企业内部才会形成良好的工作氛围，建成履职尽责、恪尽职守的人才队伍。因此，企业内部积极开展良性竞争活动是工匠精神在企业中延续并永葆活力的重要途径。

2. 加强品牌价值创新发展

创新品牌价值倒逼企业必须积极引进高技能人才、建设高素质的产业工人队伍，这有利于在企业内部传承工匠精神精益求精的工作标准，长期保持工匠精神在企业内部的活力。为创新品牌价值，企业要开展个性化和柔性化生产提升产品品质和服务，柔性化生产是一种市场导向型的先进生产方式，依靠计算机带来的仿真、建模和虚拟现实等技术，设计并生产出外观精致、智能化、品牌价值高的产品，以更好地区别其他同类产品和服务。为了最大化地实现自身品牌价值，企业不仅要积极引进知识与技能集于一身的新型工人，也需要保证原有的工人坚持和传承工匠精神，追求卓越的工艺，坚持达到精益求精的工作标准，在生产质优产品的基础上打造更适合市场需求的个性化产品和服务。

3. 各企业联合构建职业共同体

职业共同体是基于职业群体共同利益的需要而生成的，其成员是具有强烈归属感的实体社会互动群体。职业共同体是知识共同体、价值共同体，同时也是利益共同体。由于共同体内成员具有相同的职业知识、共同的话语和思维，通过互动与交流，能够以团队激励个人，对个人的品质起到良好的塑造作用。职业共同体的构建能够促进行业自律，敦促工匠的行为在合法性的基础上追求道德性和规范性。因此，构建各行业的职业共同体，营造有利于工匠精神发展的社会环境是十分有必要的。

工匠职业共同体的建立需要保证高技能、高素质的现代技术工人的规模和素质，可以从以下三方面着手。

（1）以校企合作利益共同体推动职业共同体的构建。在校企合作利益共同体中，教学和研究人员坚守职业理想，践行职业操守，以身作则，在传授技能的同时，提升未来高技术型工匠的职业认同感和荣誉感。

（2）职业准入制度的成熟和完善也会直接影响产业工人队伍的质量，要实施严格的职业准入制度。增加实行职业准入制度的职业类型，加强对新入职人员的监督力度，严格的职业准入制度能够在保证产品和工作质量的同时，提高整个行业的创新水平和技术水平。

（3）加强团队交流与共同投入。管理人员要走入一线，及时了解员工工作中出现的问题；还可建立工匠工作室加强对工匠的常态化管理，通过员工间的深度交流促进工匠活动的开放性，以员工的共同利益为基础构建职业共同体。

（三）制度文化

制度和文化体系的完善为新时代中国工匠精神充分发挥作用带来有力保障，良好的社会文化环境有助于人们感悟和践行工匠精神，要营造出维持工匠精神在社会中持续存在，并能够延续至未来的文化氛围。此外，严格健全的工匠制度能够为工匠精神在社会中发挥作用提供强有力的制度保障，多元化的传播方式有助于全社会凝聚起崇尚工匠精神的价值共识。

1. 完善更严格的市场管理制度

（1）深化市场领域的法律制度改革，完善产品和服务的市场准入制度，与时俱进地修订产品质量和服务质量的标准，以高标准确保产品质量和服务质量的提升。在质量保障制度的制定上，政府应为企业提供契合的制度与法律框架，既能规范企业自身的治理结构与治理能力，还能够保障其自主性与首创性。

（2）各地市场监督管理局制定消费品召回管理的相关条例，促使各大中小企业制定自己的产品召回制度。回收已经进入市场的不合格产品，推动企业承担起主动履行缺陷产品召回的主体责任，对违反条例的企业给予一定的处罚措施，以此维护市场秩序，保护合法经营，取缔非法活动，为工匠精神在社会中的弘扬提供有利的环境。

2. 以健全的人才机制完善工匠制度

要完善和落实技术工人培养、使用、评价、考核机制，提高技能人才待遇水平，畅通技能人才职业发展通道，完善技能人才激励政策。人才培养机制和人才保障机制是工匠制度的两项重要内容。科学合理的工匠制度能保障劳动者持有敬业乐业的工作态度，因此要以健全的人才机制完善工匠制度。

（1）完善人才保障机制。在保障高层次人才的同时，也要提高从事一线生产的工人们的薪酬待遇，制定政策法规充分保证一线工人的各项基本权利和利益；给予中小型企业中的劳动者保障性待遇，完善奖励机制，为每一位技术工人提供终身学习的机会。

（2）学校与企业要进一步加强交流与衔接，依据企业的需求精准培养和输送紧缺专业技术型人才；针对企业向学生额外收费的技术型校企合作专业，企业可适当调整学费以吸引更多优质学生。只有构建起健全的人才机制，才能保障工匠精神在未来得以传承。

3. 借助多元化的传播方式宣传工匠文化

现代社会传播渠道呈现出多元化的趋势，新媒体成为主流的文化传播方式，由于受众了解信息的渠道在慢慢增多，所以应借助多样的传播方式宣传工匠文化。

（1）培育和弘扬工匠精神要重视微博、微信、直播视频等网络平台的作用，从而进一步扩大工匠文化在网络空间的传播阵地，打造通识性、生动性、互动性一体的工匠文化传播平台，扩大工匠文化在网络中的号召力和感染力。只有每个人都成为工匠文化传播过程中的自主经历者、贡献者和推动者，深入了解工匠文化，才能在潜移默化中吸收这种优秀的精神品质。

（2）优秀的工匠往往就在我们身边，要加大对社会中的劳动模范、工匠典范的宣传力度。工匠精神所面向的群体应更广泛，不只由在一线从事生产的工人群体来践行，科学家、工程师和企业家，乃至教师、学者和医护人员等群体都可以传承和践行工匠精神。各地市的媒体应去寻找和采访当地发扬工匠精神的劳动者，将工匠故事制作成纪录片或在报刊上设置优秀工匠专栏，为工匠精神和工匠文化的传播提供有利的环境。

第三节　工匠精神育人的实践路径探索

一、社会层面

大学生工匠精神培育是一个系统工程，作为实践落点，社会在其过程中应当发挥积极的引导作用。要积极调动全社会的力量,全力配合其他培育主体的工作,着力探索培育大学生工匠精神的可行举措,合力在全社会营造出健康向上的良好氛围,促进大学生工匠精神培育工作的顺利开展。

(一)以社会主义核心价值观为引领

对大学生进行工匠精神培育要以社会主义核心价值观为引领。社会主义核心价值观在公民个人层面表现为"爱国、敬业、诚信、友善",这是公民必须恪守的基本道德准则,也应该成为工匠精神培育的价值准则。加强对大学生社会主义核心价值观的教育,将其作为培育工作的出发点和落脚点,着力培育大学生形成正确的价值观。

第一,将爱国精神作为大学生工匠精神培育的最终归宿,是激励人们奋发图强的巨大精神力量,一切活动的顺利进行都离不开它的引领。同样,在对大学生进行工匠精神培育的过程中爱国精神也不可缺失。家国情怀是培育大学生工匠精神的首要条件,正确的国家观和民族观是培育大学生工匠精神的必然要求。新时代大学生要时刻把爱国铭记于心,自觉将国家的前途命运同个人的理想抱负紧密结合,以个人进步助推国家发展。

第二,将敬业精神作为大学生工匠精神培育的实践指引。职业道德中最重要的组成部分就是敬业,而爱岗敬业的先决条件在于人们能够发自内心的热爱自己的事业,并且能够臻于至善、全身心投入。这种精神是大学生成长成才路上不可或缺的品质,对其日后工作生活的长足发展具有重要的促进作用。

第三,将诚信精神作为大学生工匠精神培育的重要组成。作为中华民族优良传统,诚实守信不仅是为人处世的基本要求,更是职业生涯中重要的参考标准。公民缺乏诚信,就会使其本身缺乏敬业奉献的精神;单位缺乏诚信,就会导致部分工人在付出劳动后得不到应有的报酬、劳动者的合法权益得不到应有的保护,那么自然也就无从谈起培育工匠精神,更无法涉及到大学生群体。对此,一方面需要加强全社会关于诚信文化的建设,提高公民的诚信水平;另一方面则必须完善诚信奖惩制度,对于存在失信行为的企业和个人给予曝光,并且对其进行经济和道德双重惩罚。

第四,将友善精神作为大学生工匠精神培育的检验标尺。在经济飞速发展的今天,生活节奏越来越快,大家都在为了获取更高的利益而争分夺秒。在满足基本物质需求的同时,人民日益增长的美好生活需要要求建立一个互帮互助、和睦共处的和谐社会。工匠精神的培育，能够在激烈的竞争环境中帮助人们树立正确的竞争观，使其正确对待工作中的竞争对手，营造和谐友爱的工作氛围。这种对待行业专家虚心敬仰、对待普通工人无私关爱的表现就是工匠精神的最佳释义。

（二）发挥榜样引领的示范作用

培育大学生工匠精神归根到底还是要更好地解决人的发展问题，在大学生工匠精神培育过程中必须充分发挥榜样的示范作用，注重树立工匠典型，激发大学生的看齐意识。

榜样教育法最深刻的内涵在于通过让人们学习典型增加其对优秀精神的认可，增强其向模范看齐的意识，最终实现自身思想道德水平的提高。我们要善于挖掘大学生身边的"大国工匠"，通过他们的事迹去感召大学生自觉了解和践行工匠精神，引导他们养成爱国敬业和心无旁骛的专注精神。

与此同时，对于榜样人物的选择和宣传上需要切实贴近大学生的实际生活，使得育人效果得到最大程度的发挥。

（三）提高社会媒体的宣传效能

大学生工匠精神的培育应该合理运用社会媒体力量。随着互联网的飞速发展和社会媒介的普及，大众媒体对人们的生活方式产生了巨大的影响。工匠精神可以将其作为宣传载体，更好地提升培育大学生工匠精神实际效果。

充分发挥社会主流媒体的氛围营造作用，引导全社会积极传播与学习工匠精神。社会主流媒体对于爱岗敬业、勇于奉献、守正创新的优秀"匠人"的大力宣传，不但能够传播社会正能量，使这些典型事例深入人心，而且能够通过积极、阳光的舆论导向影响人们的日常生活，营造整体向上的社会氛围。

二、高校层面

高校是大学生工匠精神培育的主阵地。通过思想教育的主渠道加强工匠精神在大学生群体中的培育，不仅能够培育出踏实勤奋、刻苦钻研的学业人，更能够使其进一步成为敬业乐群、精益求精的职业人。这与高校要培养社会主义合格建设者和接班人的根本任务相契合，培育大学生工匠精神要坚守高校这个主阵地。

（一）加强师资建设和相关课程建设

人才的培养关键在教师，教师队伍素质直接决定着大学办学能力和水平。教师是教学活动的直接组织者和实施者，在对大学生进行职业观教育的过程中，他们的教学态度及实施能力的好坏直接决定着职业观教育的效果是否明显。新时代高校加强大学生工匠精神培育，需要建设一支相对稳定、专兼结合、有干劲的高素质教师队伍，发挥工匠老师的引领示范作用。

第一，提升本校师资力量，培养校内复合型的教师队伍，将工匠精神与专业课相结合。工匠精神的培育不仅要在高校公共课中进行，更应该结合院系专业等实际情况因材施教。这就要求高校建设一支高素质的复合型教师队伍，使其能够将工匠精神的内涵纳入到课程设计之中，与专业方向进行具体结合，赋予其专业特色，为日后学生的成长发展提供指引。高校可以依据不同专业学生的具体情况进行针对性的教学。

第二，拓宽校外教育资源，建立一支高质量的校外兼职教师队伍，普及"双导师"制度，把传统的学徒制教育方式与当下的导师制教育模式深度融合。高校可以根据现代化的教育思想对学徒制教育进行改革，与专业相关的企业、科研机构等建立联教联育机制，邀请外单位的师傅、专家简称校外导师库，与学校的导师共同承担教育任务，在专业基础教育的同时进行职业教育，从实践角度帮助大学生进行更目标化、系统化和专业化的学习，提升大学生的综合素质，为其长久发展夯实基础。

（二）优化高校工匠精神的培育环境

校园文化作为一种隐性的教育资源，将工匠精神寓于其中能够对大学生进行耳濡目染的教导。因此，必须要注重校园文化对学生潜移默化的影响和教化。

第一，营造工匠精神培育的文化环境。对在校大学生来说，学校既是学习知识的地方，又是基本的生活区域。高校可以将工匠精神融入校园文化环境中，使大学生能够在隐含工匠精神的良好氛围中潜移默化地受影响、被教育。高校可以开展以"工匠精神"为主题的实践活动，同时，有条件的高校还可以邀请"大国工匠"走入校园，向学生分享他们在工作和生活中的感受，拉近"工匠精神"与学生的距离。这些丰富多彩的校园文化活动将教育寓于无形，使得学生能够在感受工匠文化魅力的同时，更加积极主动地去学习工匠精神。

第二，提升工匠精神培育的硬件条件。校园文化中的物质文化是工匠精神的物质载体，同样也在培育大学生工匠精神的过程中发挥了重要作用。例如，校园中的建筑物外观、人物雕塑、绘画作品等不仅可以美化校园环境、为大学生营造良好的学习氛围，更是凝聚了建筑工人的心血，其本身就是工匠精神的体现，有助于大学生更直观地感受工匠精神的魅力，优化高校工匠精神培育环境。

（三）构筑工匠精神培育的实践高地

大学生社会实践不仅是普通高等教育的重要组成部分，其与生产劳动的结合更是我党的一项重要教育方针。实践教育就是将实践过程与教育过程相融合，与知识教育相比，具有更强的体验性，可以有效解决大学生存在的知行不一的问题。因此，在对大学生进行工匠精神培育时，需要与实践教育紧密结合起来，大学生在实践活动中获得了直接经验，更加深化了其对工匠精神丰富内涵的理解，从而积极主动地在日常生活中予以践行，真正做到知行合一。

第一，广泛开展校外实践锻炼，可以通过"创新创业""社会实践"等活动，组织大学生深入工厂、车间等劳动一线开展深入实际的实践教育活动。高校可以与企业积极进行交流合作，借助企业这个实践平台来开展大学生工匠精神培育工作，让大学生能接触到真正的"大国工匠"。借此，学生不仅可以检验在书本上学到的理论知识，通过实践发现自身的不足、深化自己的认识，更能够直观地感受到劳动者创造的成绩，了解到劳动者的伟大，意识到历史是劳动者创造的，树立起尊重劳动、热爱劳动的劳动观。大学生工匠精神的培育一定要发挥社会实践的体验功效，在实践中完成认识的两次飞跃。

第二，深入开展校内实践活动，通过建立"第二课堂成绩单制度"，在校内开展灵活多样的实践教育活动。一方面，思想政治课教师可以引导大学生在课下开展关于工匠精神认识和践行状况的调研，课堂上针对学生们在调研中发现的正面和反面案例进行分析。学生们通过调研深化对工匠精神的认知，使得工匠精神不再是一种虚无缥缈的理论。另一方面，以成立"新时代大学生工匠精神"宣讲团的方式向大学生进行宣讲。利用朋辈群体之间的教育力量，以大学生自己的视角和方式把"大国工匠"的典型事例传播到校园的每个角落，在进行宣讲时可以根据不同专业大学生的具体情况，因材施教，使得工匠精神真正融入每个学生的内心深处，从而实现培育大学生工匠精神的最终目标。

三、家庭层面

家庭是社会的基本细胞，是人生的第一所学校。大学生对于"工匠精神"的认知深受家庭的影响。家庭教育的持久性特点也决定了人从家庭中获得的影响是潜移默化和深远持久的。因此，充分发挥家庭教育的功能，有利于工匠精神在大学生思想意识中不断得到强化，在培育大学生工匠精神的过程中有着不可替代的作用。

（一）培塑正确劳动观念

父母自身需要树立正确的劳动观和教育观，形成正确的教育理念，引导子女从内心接受和认可工匠精神。

第一，立足正确的劳动教育观。父母应该注重培养子女独立自主的意识和能力，让他们明白幸福生活只有通过自己的勤奋劳动才能获得。

第二，立足正确的职业观。着重培养子女形成尊重劳动、尊重劳动人民的意识，摒弃传统文化中的不良思想，让子女从小就明白劳动没有高低贵贱之分，认识到脑力劳动和体力劳动只有工作性质和内容的不同，都是值得尊重的。

第三，立足正确的实践教育观。当前社会，部分父母认为成绩好就是一切，忽略了对子女实践能力和动手能力的培养。父母应该明确，虽然学习是学生成长中不可缺少的部分，但却不是人生的全部。在家庭教育中，应当着力培养其吃苦耐劳的意志力和追求卓越的创造精神，为孩子的成长成才打好人生基础。

（二）注重日常养成教育

第一，注重细节养成，在日常生活中，父母可以培养子女从力所能及的小事做起，承担起一部分简单的家务劳动，通过生活中的琐事将工匠精神的培育细化，让他们从小形成热爱劳动的意识以及正确的劳动方式。

第二，注重技能培育，要重视学生劳动素养的培育，提高他们的劳动技能。家长要与高校形成合力，在带领学生投身假期实践的过程中，提高他们的劳动技能、锤炼他们的心性，培育他们在实践活动中的创新创造能力。

第三，做到寓教于乐，提高对学生情绪态度的关注，对实践的过程中出现的问题给予合理的建议和引导，让学生能够在实践的过程中体会到劳动所带来的快乐和价值。

四、个人层面

受教育者由于在接受教育的过程中，也进行自我教育，具有主动教育功能，因而既是教育的客体，又是教育的主体。虽然国家机制、社会氛围、高校教育等都是培育过程中必不可少的因素，但外因发挥作用需要内因的支持。因此，要提高大学生工匠精神培育的效果，也需要落实到大学生自身教育上来，只有将工匠精神内化为个人的价值追求和行为习惯，才能在日常实践中外化于行动，从而最终实现培育的目标。

（一）深化对工匠精神的学思践悟

学习是实践的基础，必须坚持持续努力学习，为工匠精神的养成提供条件。

第一，向内深入探索。工匠精神并不是舶来品，我国自古以来就是传统的工匠大国，无数"能工巧匠"凭借自己的智慧和双手创造了许多令世界为之震撼的伟大功绩。他们身上的优秀精神品质早已深深植根于中华民族的土壤之中，成为中华优秀传统文化的一部分。作为新时代接班人的大学生，要成为适应国家和社会发展需要的高素质人才，必须加强劳动能力的培养，学习、践行工匠精神。

第二，向外深度延伸。学习较好的国外培育工匠精神的经验，结合我国的社会现实，不断推动我国工匠精神的发展。同时，作为大学生，最主要的任务就是学习。在这个瞬息万变的时代，想要成为一名优秀的大国工匠仅仅靠情怀和态度是不够的，只有端正学习动机，不断加强对专业知识的学习，养成在学业上一丝不苟、脚踏实地、追求卓越的态度，才能支撑起未来职业的需要，把自己培养成符合我国现代化建设要求的创新型人才。

（二）内化对工匠精神的情感认同

思想是行动的先导，有什么样的观念，就有什么样的行为。大学生需要从内心接受工匠文化、提高对工匠精神情感上的认同。只有真正建立起对工匠精神情感上的认同，才能感受到践行工匠精神所带来的快乐和满足。情感认同作为重要推动力，是大学生自觉践行工匠精神的基础，也是从"知"到"行"转化过程中的关键。大学生群体作为国家的未来，理应树立尊重劳动、热爱劳动的劳动观，以饱满的态度投身到劳动实践中，更好地发挥中流砥柱的作用。

（三）外化对工匠精神的实践行为

只有通过实践，才能够充分检验大学生工匠精神培育的成效。及时的实践能够使大学生得到及时的反馈，帮助其结合自身的能力素质特点，发现在工匠精神培育中的缺陷与不足，切实做到内化于心。

大学生在自身培育的过程中，需要持之以恒的韧性和气质，将工匠精神的学习与培养融入学习生活的全领域、全过程，这要求大学生在打牢理论基础、强化知识技能的同时，有层次、分步骤地进行劳动实践，逐步养成具有自身特点的匠心匠德。

随着认可程度的不断提高，工匠精神将越来越多地出现在生活的方方面面，全社会将形成一股践行"工匠精神"的大潮。通过全领域、全平台的熏陶，大学生能够一体化推进自身全面成长进步，有信心、有能力面对社会上的种种考验，最终实现自己的人生价值，成为新时代的高素质人才。

第六章　公益性劳动育人模式创新研究

第一节　公益要素融入劳动教育的价值辨析

学校开展劳动教育的目的是立德树人，培养社会主义建设者和接班人。这就需要公益要素的融入，以人人公益的公共性理念提升劳动教育思政价值，以面向真实环境和创新学习方法实现高水平劳动教育，围绕学生公益人格培育来促进人的全面发展。

在劳动教育的视域下，公益提倡学生的参与和社会责任感的培育，注重国家和集体利益，强调将志愿服务或公益服务作为实现路径，这些内容与劳动教育的目标和特征具有较多的重合性。公益要素更加丰富了劳动教育的形式和内涵。公益要素的介入，一定程度上缓和了智育和劳育的矛盾，为劳动教育支撑德育提供了基础条件和实践路径。

一、公益理念对劳动教育的启发

公益教育和劳动教育一样，都是兴起于教育领域的概念范畴。相比较劳动教育，在教育领域，公益教育已经发展出了一套以心理学、社会学、政治学等学科为基础的教育模式。在实践层面，公益教育是与劳动教育相结合，系统整合公益要素，围绕人的发展来开展的教育模式，能为新时代劳动教育的推进提供借鉴。

（一）"服务学习"强化社会责任感的培育

公益教育是公民教育或者公民权责教育的重要内容。"服务学习"作为一种将有意义的社区服务与学术学习、个人成长和公民责任联系起来的体验式教育哲学和教学方法，是主要的教育形式。如汕头大学将公益课程纳入必修课范畴，进行了国内公益教育的探索和尝试，通过社区互动、服务学习的理念，推动将课程与社会实践融合，学校教学与社区服务融合。在服务学习理论指导下，服务性劳动教育提供了通过实践学习的具体路径。

（二）"具身教育"关注学生的个体发展

"具身教育"是基于具体认知的心理学概念提出的，具身教育课程着力构建身体与精神共同参与的整体课程模式，倡导由学生的身体行动引发的社会性知识建构和概念生成。具身教育实际上是对当前的课堂讲授的一次反思，致力于构建新的教学关系。在劳动教育中开展课程培育，对学生专业发展也有重要的启发意义。

（三）"合力育人"重视社会的参与

学校开展公益教育，并不局限于学校和教师，更涉及了与校园外的公益组织、企业等的互动和协作，以保障公益教育的资源需求和可持续性发展。公益事业的蓬勃发展为公益教育兴起提供了土壤。当前国内公益组织的数量增长很快，很多学生表示曾参与志愿公益活动，也有社会组织参与推进公益课程建设。

二、公益要素对劳动教育的变革

公益要素融入劳动教育，是在构建劳动教育体系中吸纳公益要素而形成的。因此，劳动教育是学校主导的教育模式，这种教育模式注重发挥公益要素和社会合作的支持和拓展作用，始终以人的培育为目标。公益人格和公益情感培育进一步丰富和提升了劳动教育在大学开展的内涵和目标。公益要素融入新时代劳动教育，主要体现在教育目标、教育内容和方法、教育途径和保障这三个方面。

（一）优化劳动教育的教育目标

在教育目标上，以公益人格培育进一步丰富劳动素养的内涵。公益人格指的是个体价值观中的利他倾向，具有公益人格的个体享受助人的成就感和快乐感，比较多地从社会视角看问题，关注公平和可持续等话题。劳动素养是劳动教育开展的起点，包含了劳动价值观念、态度、习惯、技能等方面的内容。在劳动素养的组成要素之中隐含了公益人格的要求。公益人格的概念回应了为谁劳动的问题，从而将以获利为追求的劳动和以公益为目的的劳动区分开来，并鼓励学生从事和习惯于后者的劳动目的。公益人格的培育要求，强调劳动中对真善美的追求，重视对学生的消费教育、闲暇教育等，主张在劳动教育过程中追求人的价值感和意义感、丰富人际关系等。

（二）丰富劳动教育的教育内容和方法

在教育内容和方法上，将公益服务和公益双创融入劳动教育课程体系。学生的首要任务是学习更高深的科学知识和创新能力，而不是过早地参与具体的生产劳动。将普遍性的生活和生产劳动技能的教育机械地放入教育，不仅无法令他们获得劳动教育的意义，反而会加剧智育和劳育的矛盾对立，浪费课程资源、矮化劳动教育价值。公益性的劳动教育能克服这些问题。通过公益服务，明确具体的服务目标、服务内容和专业技能要求，需要学生调用专业知识来开展设计、实施和评价，克服了劳动课程内容不足以及劳动实践缺乏相关领域专业指导等缺点。公益双创教育则强调培养学生以专业知识来解决实际问题的能力，主张将智力劳动与体力劳动相融合，通过创新来实现劳动教育的目的。

（三）完善劳动教育的教育途径和保障

在教育途径和保障上，充分调动校内部门和公益组织参与的积极性。在学校内部，学生工作方面的志愿服务、社会实践活动等第二课堂，竞赛中专项设置的公益赛道等都为高水平劳动教育提供了条件。同时，也应通过学校基金会组织与民政部门的志愿者系统、社会组织相整合，共享优质的公益性劳动教育课程、师资、公益教育实践基地等。与此同时，随着公益之城建设和公益项目潮流的兴起，青年群体中已经形成相关的公益观念和公益习惯，在这一背景下，凭借公益资源开展劳动教育也必然事半功倍。

三、公益要素对劳动教育主体的促进

（一）提升学生劳动素养

学校时期是学生世界观、人生观、价值观确立的关键时期，但少数学生存在诸多不正确的劳动观念，这些错误的观念对学生产生了较大的负面影响。因此，亟须在马克思劳动价值理论指导下开展劳动教育，培养学生正确的公益性劳动价值观。公益性劳动教育作为提升生活劳动技能、提高劳动素养、培养公益精神的重要途径，有助于学生养成踏实、勤奋、严谨的劳动品质，形成热爱劳动、尊重劳动的态度，树立马克思主义劳动价值观；提高当代学生劳动素养，让劳动光荣、创造伟大成为铿锵的时代强音。

（二）增强学生公德意识

公德意识是践行社会主义核心价值体系的重要依托。公德意识的培养应切实与思想教育活动相结合，鼓励、支持学生积极参与公益志愿服务活动，为社会发展贡献力量。在公益性劳动教育中，坚持奉献、友爱、互助、进步精神，积极组织学生参加公益活动，可使学生在参与公益服务过程、与服务对象的互动中，感受到公益精神，强化公德意识。与此同时，学生参与公益实践，或是自发参加志愿者服务活动时，逐渐将公益精神内化为思想道德素质。

（三）促进学生知行合一

目前，学校开展公益性劳动的形式已呈现多样性，如校本公益课程与实践、学校公益社团、学校与社区联合公益活动、共青团发起的各项社会公益项目等。这些公益性劳动成为学生与公益活动的桥梁。而学生接受生活实践教育的过程，便是学生的积极性、主动性和创造性得以充分发挥，将自身所学知识运用于实践，以志愿服务方式服务社会的过程。因此，公益性劳动教育的落地，表现方式就是学生将所学专业知识运用于实际、服务社会、促进知行转化的过程，亦是实现立德树人的教育目标的有效路径。

第二节　公益性劳动素养及其教育实践

公益性劳动教育是公益理念融入劳动教育的体现，也是劳动教育在公益慈善领域的延展，目的是学校鼓励学生走出校园，关注国家社会的发展，学校追求以自身所学促进社会发展的人生价值，推进学校人人公益是其使命。公益劳动教育机制，在于以劳动的精神、劳动的技能、劳动的情感，与公益的价值、公益的方法和公益的行动相结合，使得公益行动具有价值引领。

一、公益性劳动素养

（一）公益性劳动素养的内涵

公益性劳动教育的根本目标在于培育学生的公益性劳动素养。劳动素养是指经过生活和教育活动形成的与劳动有关的人的素养，包含劳动的价值观和态度、劳动的知识与能力等维度。公益性劳动素养是劳动素养的重要组成部分，是促进学生全面发展的有效途径。公益性劳动素养能提升学生的综合素养，培养学生的奉献精神、组织协调能力、团队精神。培育学生公益性劳动素养，能增强他们的社会责任意识、感恩意识，可以引导他们关心社会、关爱他人，能够更好地在公益活动中服务社会，实现自己的人生价值，对构建社会主义和谐社会具有重要的现实意义。

（二）公益性劳动素养的内容

公益性劳动素养包含两个维度：一是显见层面，即能力和行为，包括基础劳动技能、公益能力两个方面；二是隐性层面，即心理素质，包括劳动价值观，社会问题感知，公益参与情感、动机和价值观念，感知个体效力，公益意志、认知等。具体来说，公益性劳动素养主要包括以下四个方面。

1. 公益性劳动精神

（1）劳动精神。劳动精神是劳动者为创造美好生活而在劳动过程中秉持的劳动态度、劳动理念及其展现出的劳动精神风貌。通过公益性劳动教育，学生能够理解和形成马克思主义劳动观，牢固树立劳动最光荣、劳动最崇高、劳动最伟大、劳动最美丽的观念；体会劳动创造美好生活，劳动不分贵贱，热爱劳动，尊重普通劳动者，培养勤俭、奋斗、创新、奉献的劳动精神；具备满足生存发展需要的基本劳动能力，形成良好的劳动习惯。实践证明，爱劳动、会劳动不仅不会耽误学习，反而能够促进学习，有助于人的全面、协调发展。

（2）公益精神。公益精神是一种体现人类文化和社会存在的精神形式，公益精神是公益主体在践行公益行为过程中形成的利他价值观、自愿奉献的态度、团结互助等人格品质。公益精神并不是与生俱来的，它是在与他人的交往中逐渐形成的价值追求和精神品质。利他价值观是公益精神的核心。利他主义存在两种不同价值认同：一种是公益利他原则，也就是量力而行，不必牺牲自我而成全他人；另一种是彻底的利他主义公益行动，这是一种崇高的无私奉献精神，只存在于社会经济生活中的少数人。大多数的公益利他行动都是一种互惠利他主义，如奉献之后个体内心的愉悦感、个人精神价值的实现和社会责任的实现而获取的物质与精神回报。

公益精神成为当代学生提升道德素质的理性诉求，志愿服务成为学生践行公益精神的主要形式。学生志愿者用他们的实际行动践行着奉献、友爱、互助、进步的公益精神。通过公益实践，学生能够深入社区、农村、福利机构，真正了解民情、国情，既能看到国家的强大，又能深刻感受到国家发展的艰难，增强社会责任感。

2. 公益性劳动知识

公益性劳动知识主要包括公益常识性知识和公益专业性知识。

公益常识性知识就是公益常识，也是公益的基础知识，如什么是公益，什么是公益组织，什么是公益慈善法，什么是公益精神等，了解和掌握公益常识性知识，对于理解公益，培育公益心，增强公益意识，进而参与公益起着催化作用。

公益专业性知识涵盖范围广，大到公益慈善组织的运营与管理，公益项目的策划与实施，小到个体参与公益活动应具备的公益服务领域专业知识。如阳光助残、环境保护、应急抢险等公益项目都需要专业领域知识作为支撑。

对学生来说，公益活动主要以参与为主，通过公益性劳动教育和公益项目专业知识培训掌握公益常识和公益项目专业领域基础知识即可。

3. 公益性劳动合作

学生公益性劳动多以团队、小组形式组织开展，特别是各种校内外的志愿服务。因此，团队合作能力是核心能力。它包括以下方面。

（1）协同合作能力。协同合作是团队精神的核心。协同合作能激发团队成员的潜力，让每个人都能发挥出最强的力量。团队协同合作的基础是相互信任和奉献精神。信任会让团队成员静下心来真诚地倾听和沟通。在从事公益性劳动过程中，成员之间要相互信任、包容、欣赏、尊重，团结合作形成服务的合力。坦诚相对、真诚交流，建立良好的信任关系，实现良性互动，实现学生的自我成长，获得服务对象的认可。

（2）沟通和协调能力。良好的沟通交流和组织协调能力，是一个团队中每个成员必备的能力。对团队来说，成员之间有效沟通和协同可以促使团队成为一个富有生命力和战斗力的有机体；对个体而言，沟通和协调能力是团队协作的基本要求，也是完成任务、实现团队目标的基础。在开展公益性劳动的过程中，成员之间、成员和服务对象之间都需要积极、有效的沟通和协调，促进相互信任和理解，提升工作效率。当成员之间、成员和服务对象之间出现矛盾或冲突时，需要双方耐心细致地沟通和协调，积极化解矛盾与冲突，保证团队活动的正常进行。

4．公益性劳动意识

（1）社会责任意识。人的社会责任是社会对个人的一种规定和使命。良好的公民社会责任意识是社会进步的重要前提。社会责任意识是根植于每个人内心的社会责任及履行义务的意识和态度，社会责任意识激发人们对国家、对民族的热爱与责任。社会责任意识大致可以分为政治责任意识、经济责任意识、个人责任意识等。一个有社会责任感的人，具备三个基本品质：坚持真理、坚持正义和对他人无私奉献。因此，作为社会的一分子，当代学生理应强化社会责任意识，做到关注社会动态，了解国内外要闻热点。通过公益性劳动实践，参与公共事务，深入社会，了解社会，运用所学的专业知识服务于人民、服务于社会。在劳动中去践行公益精神，成为一个有社会担当的中国人。

（2）公益意识。公益意识是指公民出于自愿原则参与公益活动的意愿。伴随中国公益事业的发展，越来越多的人意识到公益事业对社会发展的重要性。公益，是一种责任，是身处这个世界的每一个人都应该积极承担起的一种社会责任。当代学生更应提升公益意识，培育无私奉献的公益精神，积极、主动参与校园内外各类公益活动和志愿服务，实现自我成长。

（3）主动参与意识。目前，学生群体在公益认知、公益意识、公益参与等方面都有显著的提升。公益参与主要分为两种情况：一种是被动参与，另一种是主动参与。从实践程度及类型来看，学生公益活动的总体参与度较高与主动参与度较低并存，参与类型丰富。学校通过公益性劳动教育与实践，应用学校团委和社团组织、公益慈善团体和社会组织、新媒体等多种平台推动学生参与各项公益性劳动，成为公益精神的内化途径。同时，学生自身也应该坚持正确的社会价值观念，主动承担社会责任与义务，只有在精神层面得到一个质的提升，公益主动参与意识才会得到加强。

二、公益性劳动教育的实践

公益性劳动教育既在校内进行，又在校外广阔天地中实施，涉及主体多，实施渠道、途径也多元、灵活，学校需要统筹规划学生的公益性劳动教育，既因地制宜，又体现专业特点，同时符合学生成长需要和阶段性身心发展基础。学生在选择适合自己专业、个性、职业规划和社会理想的公益性劳动教育方式后，要注意劳动保护、心理保护和权益保护。

（一）公益性劳动教育实践的必要性

1. 公益性劳动教育推动素质教育发展

（1）公益性劳动教育是学生教育的必要内容。劳动是一种有目的、有计划、有组织地培养学生多种素质的教育活动，是集德育、智育、体育、美育于一体的全面提高学生素质的综合教育。公益性劳动教育可以使德育目标落实在学生的劳动实践中，进而内化为学生品德。通过公益劳动课，组织学生参加劳动实践。在劳动实践的过程中，学生可以通过自己的切身感受加深对所学知识的理解、开阔视野，激发学生的学习热情、增强其创造力，同时，在劳动过程中，学生不仅使自身的体力和耐力得到锻炼，增强了体质，培养了毅力，提高了审美能力，还可以激发学生生活的热情，形成健康向上的心理素质。因此，在学校中开设公益劳动课，对学生进行必要的公益性劳动教育是当代素质教育的必然要求，是促进学生全面发展的重要方面。

（2）公益性劳动教育有助于培养学生的创新精神。培养学生创新精神和实践能力是全面推进素质教育的重点。创新能力是学生综合能力的集中体现和最高境界。公益劳动课不仅要培养学生的劳动技能技巧，而且要培养学生的竞争意识，使其创造才能得到有效的发挥。在劳动过程中，学生能够学到书本上学不到的知识，同时将课堂上学到的显性知识转化为自身的隐性知识，以不断提高自己的知识水平和综合素质。在大学生中开展公益性劳动教育，能有效地调动人的各种潜能在实践中创造性地分析问题、解决问题，有助于培养大学生创新意识、创新精神和创新能力，使他们得到全面发展。

（3）开设公益劳动课其实质就是对学生进行劳动素质教育，它是通过参加劳动实践活动进行的一种有目的、有组织、有计划地培养学生具备多种素质的教育活动，以提高学生的劳动技术素质是素质教育重要的组成部分。

2. 公益性劳动教育促进学生全面发展

在学校中开设公益劳动课，对学生进行公益性劳动教育，有利于培养学生全面成才，是造就学生全面发展的必要条件。教育与生产劳动一体化的重要性不仅在于这样做可造就熟练的劳动者，而且可以使教育与日新月异的劳动条件更加紧密地联系起来，并有助于个人的全面发展。在劳动和工作中受过锻炼的学生大都养成了吃苦耐劳、勤奋敬业、不断追求上进的良好品质，专业思想相对明确和稳定事业心普遍较强。

（二）公益性劳动教育实践的劳动观

劳动育人功能的发挥，应强调劳动情感观的培育和劳动价值观的塑造，前者应以责任意识和担当精神、认同和热爱劳动思维、平等主体的价值判断为培育视角；后者应以马克思主义劳动价值观为指导、以鼓励劳动创新创造为导向、以服务和奉献为最高境界展开引领。要把握公益劳动教育价值取向，积极引领学生树立正确的劳动观。

1．培育劳动情感观

（1）学校担负立德树人的崇高使命，既要培养学生的专业技能、创新精神和实践能力，还要培养其深厚的家国情怀、民本理念以及社会责任感和担当精神。然而，学生的责任意识、担当精神不是凭空而来，是要将对学生的培育细化于日常的教育教学细节之中，立足于扎实的劳动实践。

从培养深厚的劳动情感观开始，循序渐进加以引导，是培育环节的立足点之一。因为良好的劳动习惯是建立在端正的劳动态度基础之上，同时又促进优良劳动品德的形成。而态度又是情感的集中反映，因此，学校在培育学生的劳动情感观方面，立足于劳动态度的情感培育是最为关键和有效的视角。

在端正学生的劳动态度方面，学校可以依托公益劳动课程或社会实践平台，为学生开展劳动的亲身体验提供条件和创造机会，教师要正确引导学生在崇尚辛勤劳动、诚实劳动、自觉艰苦奋斗中奋发有为，帮助学生塑造优良的品质和高尚的情操，鼓励他们树立劳动最光荣的信念，在身体力行中日渐形成良好的公益劳动行为习惯。

同时，学校还应努力设法补齐学生劳动素质的短板，不断帮助他们积累劳动技能，实现教育目标，在唤醒学生独立、自在、自为的强烈意识基础上，帮助他们涵养责任情怀，进而提高独立生存的能力。

（2）劳动情感观的培育侧重认同和热爱劳动思维的形成。一方面，学校在教育和引导学生投身劳动实践时，要重视学生自觉为公共利益服务的价值导向，帮助学生形成认同和热爱劳动的思维；另一方面，学校也应该充分借助社会补偿机制效应的激励功能，积极创设各种有利条件，争取得到社会各界的支持，让学生参与到各类具有积极意义的公益劳动活动中，学生在得到社会的关切和回应之后，会不断积聚劳动情感，这会进一步助推学生劳动情感观的持续健康发展。

要培养学生对劳动的热爱。这里的热爱不仅仅是对劳动的热爱，还要表现为对劳动者的热爱或尊重，要感恩于劳动，要尊重劳动者，还要珍惜劳动成果。学校可以设计丰富多样的公益劳动实践超市，为学生提供各式各样的劳动实践产品及足够多样且富有吸引力的劳动实践平台，并完善相关的激励制度，引导学生亲身感受劳动的价值体验，鼓励他们在公益劳动中感受乐趣，指导他们深入思考和探索劳动的内涵与意义，不断积淀吃苦耐劳、乐观向上等优秀精神品质，并在日积月累的获得感中不断升华对劳动的热爱与认同。

（3）劳动情感观的培育强调平等主体的价值判断。学生要面对如何看待不同行业的劳动者之间地位的实质平等问题，无论是体力劳动者还是脑力劳动者，都应该是为社会创造价值的平等个体，彼此之间虽然存在分工差别，但不应该有地位的高低贵贱之分，从这个角度看，接受和认同劳动主体的平等是培育劳动情感的关键。所以，培育学生不分高低贵贱地看待劳动以及劳动者，有利于学生更好地认同劳动本身，以及正确看待体力劳动的地位和角色问题。当学生能真正发自内心地尊重那些愿意为劳动付出努力的劳动者时，他们才能拥有深厚的劳动情感基础。

学生作为知识分子群体的一部分，应该深入推动劳动化的进程，主动与劳动及劳动者建立深情厚谊。然而，现实生活中，学生就业时表现出高不成、低不就的尴尬局面，是劳动化不足的典型表现，学校在人才培养中非常看重脑力劳动的重要意义，对体力劳动的认识和价值引领却存在一些偏差。因此，学校和教师应不断帮助学生创造体验劳动情感的机会，推动学生提升参与劳动实践的荣誉感和幸福感。

2. 塑造劳动价值观

（1）劳动价值观的塑造应以马克思主义劳动价值观为方向和指引。劳动价值观关注的是为什么要劳动，为谁劳动，怎么样劳动的意义或价值的问题，学校应该结合教育的特点强化学生的劳动价值观引领，以积极传承和参加劳动的态度、习惯和技能为目标，引导他们养成正确健康的劳动价值观念。

马克思主义劳动价值观包含对劳动的热爱情怀、追求崇尚劳动过程与成果的价值判断、尊重劳动人民的价值情感等内容，它反对不劳而获的思想，支持在勤奋劳动中实现自我价值和社会价值，应该成为学校培育学生劳动价值观的理论指导。要弘扬劳动精神，培育劳动意识和劳动习惯，坚持体力劳动和脑力劳动相结合，形成学生热爱劳动、尊重劳动、崇尚劳动的劳动价值观。

因此，在培养学生劳动价值观念方面，学校可以在公共教室、专业实训室及其他公共场所的保洁领域设定公益劳动岗位或配套公益劳动课程，也可以创设校外公益活动平台为学生提供足够的公益劳动实践机会，这些活动既可以与教学密切挂钩，以课程的形式按计划有步骤地组织实施，也可以紧密结合各类学生活动甚至是学生的日常生活情景加以熏陶，达成潜移默化的效果，最终通过劳动实践，潜移默化地引导学生感恩国家、奉献社会，认同劳动创造价值的理念，尤其是在奉献与索取关系的价值判断方面，对学生进行集中的劳动价值观引领。

（2）劳动价值观的塑造以鼓励劳动创新创造为导向。人类社会进入工业时代，科技与创新被赋予了更加强大的生命力，我国正处于从制造大国迈向制造强国的奋斗征程中，创新创造、工匠精神、精益求精蕴含于无数基层的劳动生产实践里。过去，劳动创造了人类，如今，劳动尤其是创造性劳动更加紧密地昭示着人类的未来。整个所谓世界历史不外是人通过人的劳动而诞生的过程。劳动创造了人本身，人类的生存是建立在劳动基础上的。

教育体系中应该融入工匠精神和劳模精神等重要内容，这应该成为公益劳动教育的灵魂所在。基于此，学校应该强化工匠精神的培育，在劳动实践教学中融入工匠精神，在培养学生的专业技能中有效融入精益求精的劳模精神，在公益劳动教育中，设法让学生领会、认可和实践劳动创造价值的理念，帮助他们真正认识到劳动对于社会的进步和国家繁荣昌盛的积极意义，以及劳动对于自身成长的重要性，从思想层面提高他们对劳动创造社会财富、推动人类进步的认同。

（3）劳动价值观的塑造以服务和奉献为最高境界。公益劳动中的劳动突出公益二字，包含服务和奉献的情感境界，融合自愿性和无偿性的特征，因此，在培育学生的劳动情感观方面，应该特别注重服务意识和奉献精神的熏陶。当然，劳动价值观的价值判断应该包括个人价值和社会价值的统一，既有个人正当需求的满足，还突出强调社会价值的实现。教师应该正确引导学生摒弃功利意识，鼓励他们以无偿为社会提供优质服务的理念指导自身的公益劳动实践，体现出奉献意识和责任情怀的行动自觉。

学校在深入开展公益劳动教育时，应该重视精神塑造，特别是要开展好理想信念教育，突出社会理想的指引，从社会利益、社会价值的角度引领学生正确解读自身角色，引导学生学习和理解服务精神的内涵，帮助学生树立服务他人奉献社会的文化自信，教师可以充分借助中华优秀传统文化的思想，利用课堂、班会、小组讨论等多种形式及时挖掘和总结劳动价值观中深厚的文化内涵，同时密切关注劳动价值观中关于服务精神的新理论新进展，及时结合某些典型的人物和案例，深入开展向劳模学习等榜样教育实践活动。

学校要重视奉献实践的教育。教师要多渠道挖掘学生参与公益劳动的实践渠道，但前提是要帮助学生端正参加公益劳动的动机，应大力倡导劳动服务师生、服务社会的初衷，摒弃为谋求个人狭隘利益的劳动行为，这是所有公益劳动实践活动的关键。学校开展公益劳动教育，应该以帮助学生不断品味和体会服务他人、服务社会的喜悦感和幸福感为目的，不断强化学生参与公益劳动的成就感和获得感，构建乐于奉献的劳动情怀教育生态，让学生在劳动实践中不断增强服务理念的价值认同，只有这样，公益劳动才能正常发挥其服务社会的公益性功能。

总之，劳动具有综合育人的功能，劳动助人感受和体会幸福，也促使人追求和创造幸福。学校要发挥在劳动教育中的主导作用。学校教育工作者理应创造有利条件，努力培养学生形成良好的劳动意识、劳动习惯和劳动情怀，特别在培育学生的劳动情感观和劳动价值观方面有所创新、有所作为。

（三）公益性劳动教育实践的主体

公益性劳动教育主体是指学校公益性劳动教育实践活动中最主动、最积极的人，是从事教育的人。公益性劳动教育是一种特殊的教育活动，它的开放性、实践性特征使教师对作用时间和场合的要求低于其他教育活动，学生基本是在没有教师直接指导、辅助和监控的环境中完成公益性劳动的，在某些劳动中，他们还自主决定、规划劳动项目本身，甚至带有某种程度的主体特征。尽管如此，公益性劳动教育依然是以学生为对象来设计和实施的，其目的和结果都是促进学生公益性劳动素养的养成和提升，他们不是教育主体，只是劳动的主体。

1. 教师

公益性劳动教育的主体包括教师、社区、公益组织等。教师代表学校实施公益性劳动教育，承担着规划、组织、指导、监控、评价等职责。教师是教育活动的发起者，决定教育活动的目的，控制公益劳动的进程和节奏，管理教育过程中的生生关系、师生关系和学生与劳动对象之间的关系，帮助学生解决在公益劳动中遇到的问题，与学生共同讨论有关的专业问题和伦理问题，也是学生的助成者和合作者。

2. 社区和公益组织

社区和公益组织是公益性劳动教育载体的提供者，也是公益教育实践活动的指导者、组织者。他们提出公益性劳动教育的需求，与教师一起共同确定教育目标，制订教育计划，管理教育过程，评价教育结果。他们是社会学校中的教育者，在学生从事公益性劳动的过程中提供实时指导与反馈，展示职业技能与修养，既有主动地施教，也有以身示范的影响；与学校教师协同配合，共同打造大学生公益性劳动教育的全面体系。

（四）公益性劳动教育实践的途径

教育途径是学校创设、发起的各种教育性活动，以促进学生身心发展，实现教育目的。一般来说，学校的教育途径有教学活动、课外活动、社会活动、劳动活动、学生群体活动、学生日常生活（包括宿舍）活动、咨询与辅导活动等。公益性劳动教育的实践性和专业性使其教育途径呈现立体、多元的特点，包括教学活动、课外活动、社会服务活动，只有多元并举才能提升公益性劳动的全面素养。从宏观层面看，大学生公益劳动教育受其所处社会环境中的制度、文化因素的影响和限制；从中观层面看，大学生公益劳动教育是一个牵涉到多元主体的教育过程，例如学校、社会组织、家庭以及社区等，而且这些主体之间存在着相互交织的有机联系，各自发挥着促进公益劳动教育实施的客观作用，共同推进大学生公益劳动教育的实现；从微观层面看，主要是从公益劳动理念树立、公益劳动能力提升和公益劳动行为引导来系统实现大学生公益劳动教育体系构建。

1. 推动教学活动多元化

教学活动包括理论教学和实践教学两种形式。公益性劳动教育的理论教学，目的在于讲清公益劳动之理、宣传公益之情怀，使学生从理论上深刻认识公益性劳动的必要性和社会价值，认同助人与奉献的精神意蕴，将个人价值的实现以社会奉献为尺度的价值观内化为个体的动力体系。这种融认知与情感目的于一体的教学内容，要求教学形式尽可能多元——既要有讲授和讲解，又要有榜样示范、案例分析与探索实践。

（1）理论教学。目前，学校的课程体系中包含公益性劳动的课程有"社会实践""思想道德修养与法律基础""公益劳动"和公益类通识课程。这些课程在公益性劳动教育内容上的比例不同，在实践教学之前、之后都应该有理论教学。之前的理论教学是启动实践教学，聚焦于教育目的；之后的理论教学是对实践的总结、反思和升华，也是让学生的认知更加完善，形成自我教育的基础。

（2）实践教学。实践教学是公益性劳动教育的主要教学形式，即让学生在实验、实习和实训中学习新知，获得个性化的学习体验和意义，促进理论与实际的融合。如果只把助人与奉献当成知识体系去教，把复杂的国情和世态简化成文字描述，是没法真正培养学生的社会责任感、强烈的担当意识和奉献精神的。公益性劳动教育的实践教学课程主要有"社会实践""思想道德修养与法律基础""公益劳动"和公益类课程中的某些环节。

第一，"社会实践"为必修课。其宗旨是丰富学生暑期生活，提高自身素质，积累社会经验，通过开展社会实践活动，达到提高学生社会适应的能力和服务社会的意识，自我锻炼与自我提升的目的。

第二，"思想道德修养与法律基础"为思想教育类必修课。课程内容中关于公益性劳动的内容占比不高，但课程有实践学时或次数要求，实践内容包括社会调研、就业调研、志愿服务等，其中，志愿服务类的实践项目是学生们选择较多的形式。

第三，"公益劳动"是一门公共基础课程，以劳动实践为主。其主要培养学生的劳动观念，强化学生的劳动意识，增强学生协作劳动和自我管理能力，使学生树立正确的劳动价值观。公益劳动课程通常以每周完成规定劳动的形式，如对校园公共区域进行清扫，或者以专题劳动项目的形式开展。

第四，公益类课程作为通识类课程，是以培养公益精神和公益能力，以提高学生的公益素养为目标的课程，有必修、选修之分。公益类课程把志愿服务作为开展实践教学的主要形式之一。部分学校已将此类课程纳入学校人才培养体系和通识教学体系中。

2. 开展丰富的课外活动

课外活动是指教学计划之外、校园之内的教育活动，包括社团活动、竞赛以及学生单独参加的个体课外活动。课外活动是学生接受公益性劳动教育的隐性课程，是全方位育人环境中不可或缺的一个组成部分。

（1）社团活动。学生公益组织主要有两种：第一种是由学校牵头成立的公益组织，如青年志愿者协会。对于此类公益组织，有较为完善的组织和资金保障。不足之处在于，在团队管理上，学校参与度较高，但活动的内容及形式都有所限制。组织活动的报备审批程序复杂且难度高，公益活动形式单一，学生自主意识受到局限，参与积极性不高。第二种是学生自发组织的公益组织。其可分为两类，一类是向学校提出申请的独立公益社团，如爱心社、支教团；另一类是没有向学校提出申请，纯粹是学生自发行为。这种公益组织，学生占主导地位，组织的领导者或领导团队可根据自己的兴趣、爱好、专业背景组织有针对性的公益活动，但是存在资金严重不足、人员流失大等问题。

共青团和学生公益性组织是学校组织课外公益性劳动教育的主要机构。在现代社会，志愿精神和志愿意识已经成为合格公民应该具备的基本素质，共青团中央提倡的第二课堂以志愿服务活动为主，已经有一套行之有效的实施策略。

（2）竞赛。以"中国青年志愿服务项目大赛"为例。具体包括阳光助残、关爱外出务工人员子女、邻里守望与为老服务、节水护水与水利公益、环境保护、应急救援、禁毒教育与法律服务、文化宣传、理论研究、志愿服务支持平台、其他领域。获奖项目会得到政策支持，纳入共青团中央、财政部、民政部开展的政府向社会力量购买服务有关工作支持范围，纳入全国青年志愿服务优秀项目库。

（3）个体课外活动。以"微公益"为例。微公益，就是从微小的公益事情着手，强调积少成多。微公益的慈善主体不是国家机构，也不是大企业家，而是每个公民自己。微公益采用举手之劳的、轻松的，甚至是寓慈善于乐的参与方式。微公益推动的是"人人可公益"的慈善理念。互联网为微公益提供了便捷的途径。互联网公益将微公益的理念传播开来，使中国网民有了快速参与途径。随着互联网、大数据等信息技术的高速发展，"互联网+慈善"已经成为公益慈善事业新的增长点。学生可经常关注互联网公益平台，以量力而行为原则，有选择性地参加各平台推出的公益活动。

3．主动参与社会活动

（1）社区服务。在学校团委领导下设立相应的志愿服务性组织或团体，学生自我领导、自我管理，如青年志愿者协会、青年志愿者部门等，定期到附近街道和周边社区内开展志愿服务活动。这种模式下的社区服务活动有一定的考核指标，并且学生可以通过参与志愿服务活动获得相应的综合素质学分。

（2）全团青年志愿服务项目。共青团中央青年志愿者行动指导中心在团中央书记处的领导下，从事全团青年志愿服务项目的组织实施和志愿服务理论研究、文化宣传、人才培训、国际交流等工作。"奉献、友爱、互助、进步"的志愿者精神成为新时代青年的精神坐标。青年志愿者行动丰富了社会主义精神文明建设的活动载体。

（3）社会公益组织。社会公益组织一般是指在非政府组织领导下，不把利润最大化当作首要目标，而是以社会公益事业为主要追求目标的社会组织。社会公益组织在以解决社会问题为出发点，为社会的可持续发展开展公益服务项目时，与学校、社区、企业都保持着密切合作，在各个领域开展公益服务活动。在与学校的合作中，社会公益组织在学校内和各大网络社交平台上招聘志愿者，以学生志愿者为参与主体，开展社区公益服务，其活动的资金主要来自社会各界捐赠或政府政策支持。

（五）公益性劳动教育实践的目标

1．学生树立正确的劳动观念

如果没有正确劳动价值观的引导，就会对学生产生不利影响，影响中国社会未来的发展。目前，学生对于校园公益性劳动有两大错误认知：一是劳动态度不端正。部分学生不愿参与劳动，不主动参与校园公益性劳动，劳动习惯差，生活自理能力差，对待集体劳动态度不正确，偷懒懈怠。此外，还存在不尊重他人劳动成果，乱丢垃圾、破坏公共环境等问题。二是劳动观念不明确。认为参与劳动完全是一个被迫的、强制的行为，或者是毫无意义的行为，简单地认为脑力劳动比体力劳动更为体面。对体力劳动工作者缺乏尊重和感恩。而学校组织学生参与公益性劳动、开展劳动教育的主要目标不仅仅是将其劳动技能的培养，更为重要的是培养其劳动光荣，劳动应该被尊重的正确观念。

2. 构建劳动教育的价值认知

志愿服务的精神概括起来是奉献、友爱、互助、进步。志愿精神是雷锋精神在新时代的弘扬。志愿服务是不计报酬、无私奉献的行为，不追求物质的、功利的回报，是助人为乐，是一种忘我的奉献精神。同时，在服务和帮助他人的过程中，可以体会效能感，促进自我愉悦、实现自我价值，并且在助人后会产生无私、奉献、热情等积极情感，因此志愿服务是助人助己。学生参加志愿服务活动既服务于他人，贡献于社会，又可扩大自己的生活圈子，亲身体验社会上的人与事，积累社会工作经验。同时，从学业角度而言，参加与专业知识紧密结合的校内外志愿服务活动，学生不仅可完成知识与实践的融合，提高专业技能，还可体验到践行志愿精神的满足感和成就感。

3. 提高学生的心理调适能力

在从事志愿服务时，有很多的志愿者心理会产生问题，主要由工作条件和环境引起，有时要承担额外的工作，缺乏关心、理解以及应有的后勤保障，志愿者培训管理和激励机制方面存在欠缺，遇到突发事件出现心理应激反应，不能平衡志愿服务与工作、学习、生活之间的矛盾等。要想解决以上问题，自我心理调适尤为重要。当情绪低落时要进行适当的情绪宣泄，以减轻心理压力和痛苦。志愿者因各方面的差异，如心理素质、文化水平、道德修养不同，可采取不同的宣泄方法，如倾诉、哭泣、运动等。

4. 提高公益服务能力和水平

公益性劳动有很强的利他性，工作对象是弱势群体和处于困苦、灾难中的人，工作环境还可能有危险，这就要求即使是非专业的从业人员也应该具备一些特殊的技能、人格特质，并在工作中不断提升。一般来说，公益性劳动要求参与者有以下特质：具有积极乐观、热情开朗、耐心细致的个性特征，富有爱心和悲悯心，愿意帮助他人；诚实守信，善于沟通与协作，愿意在团队中工作，不以自我为中心；具备良好的学习能力，能够快速适应不同的劳动环境。我国的社区志愿服务不断地发展，公益服务工作也越来越复杂，需要志愿者有更高的专业水平。这就要求学校学生志愿者拥有足够的综合素质和专业的知识。因此，学生必须充分地结合实际情况，根据自身所掌握的专业知识与技能，明确认识到自己的优势与不足，从而有针对性地去丰富自身的专业知识，提高专业技能，不断加强学习，从而提高自身各方面的能力，尤其要重视提高社会交往与独立解决问题的能力。同时学生还应该通过学习加深对公益服务的了解，认识到开展公益服务对服务对象以及自身的重要性，这样就能够有效地提高学生参与志愿服务的能力与效率，有利于学校学生顺利地参与社区志愿服务。

（六）公益性劳动教育实践的保护

无论是在大型活动、抗震救灾，还是扶贫济困、环境保护的活动中，都能看到志愿者冲锋在前、坚守阵地的身影，他们从事公益劳动的环境和工作内容不乏危险之处。学生的人生经验和志愿服务的经验都不足，不知道如何避险、避免伤害。因此，学生参与公益性劳动必须注意以下事项：

1. 保护劳动安全

学生参与的公益性劳动很多都在校园之外的陌生场所进行；同时学生无论在人生经验上还是在工作经验上都很缺乏，劳动技能更是不足。教会他们在劳动中规避风险、保证人身安全是劳动教育的题中之义。公益性劳动中的劳动安全包括路途交通安全和劳动本身的安全。

学生参与公益性劳动要有基本的交通安全意识。如果活动是沿街举办，学生志愿者要在人行道上进行宣传，不得进入马路区域；如果要乘坐交通工具去参加劳动，必须乘用合法、安全的工具，尽量不要私自驾车前往。

公益劳动本身的安全是指使用的工具和劳动对象的安全性，不能造成对志愿者身体和精神的伤害。比如，支教的学生要注意用电、用水的安全和人身安全，从事助医志愿活动的学生要注意疾病防护，从事环境保护志愿工作的学生要注意防备环境中的毒害入侵，开展应急救援的学生要注意全方位的安全防护，从事脱贫攻坚志愿服务的学生要注意交通安全和地质安全。

总而言之，安全教育是每个学生志愿者行动前的必修课；同时，学校也应该给学生配备足够的安全防护设施和设备。

2. 重视心理保护

参加志愿服务是基于爱心奉献的志愿服务态度。在明确志愿者服务精神以后，在志愿者服务过程中，要注意自我心理保护。志愿者常见的心理问题主要有紧张、焦虑、心态消极、工作倦怠、疲倦，以及不能有效平衡日常生活。自我调适的方式如下。

（1）当志愿者出现孤独、焦虑、恐惧等不适时，可以主动向那些愿意且能够耐心倾听的好友倾诉，还可以求助专业的心理援助热线。

（2）主动屏蔽非权威信息，避免信息超载带来的烦乱。

（3）定期和志愿者同伴一起总结几天的工作，由此产生源源不断的内生动力。志愿服务是助人为乐，是一种忘我的奉献精神。从事志愿服务遇到挫折的时候，要理智地、全身心地投入任务当中。在服务和帮助他人的过程中，可以体会效能感，同时实现自我价值，并且在助人后会产生无私、奉献、热情等积极情感，因此志愿服务是助人助己。

3．做好权益保护

志愿者的奉献是有边界的，不是"牺牲"式的奉献。学生志愿者有所有的公民基本权利，肖像、人格、人身自由等受法律保护，任何人不得随意侵犯；他们在劳动中也有劳动保护权利，对于超负荷劳动、不安全劳动都有说不的权利。一旦在劳动中发生安全事故，他们享有所有的法律救济权利。

第三节　公益性劳动教育模式的评价分析

公益性劳动教育的评价是组织管理者通过运用科学的方法、标准和程序对公益行为主体实施公益服务过程及结果作出评价。其目的是检测公益性劳动教育的目标是否达成。

一、公益性劳动教育的评价原则

（一）定性与定量评价结合的原则

公益性劳动的评价对象是学生的劳动素养，即经过生活或教育活动形成的与劳动有关的人的素养，包括劳动价值观、知识、能力等具体指向。结合学校学生特点、评价指标可操作性、社会认知程度等综合角度来看，劳动素养评价从劳动意识、劳动观念、劳动能力和劳动成果四个维度进行。这四个维度需要不同的测评方式：劳动意识与劳动观念可以通过行为和思想的表达来考查，比如，根据学生参与公益服务的时长、次数等量化指标来评定其公益性劳动教育的等级。但这样的量化评价并不能说明他们公益性劳动的质量。只有加入他们自述的劳动过程、了解服务对象对服务的评价才能对学生的劳动作出客观而全面的评价，从而以评促学，使学生明确劳动动机、端正劳动态度，进而加强劳动意识，培养热爱劳动的思想、吃苦耐劳的精神和对工作的责任心，全面提升学生的劳动素养。

（二）构建多元化评价主体的原则

评价的目的是检验目标是否达成。目标与劳动内容、实现路径、劳动形式相对应。因此，在评价过程中，要围绕公益性劳动教育的目标，对公益性劳动内容、劳动形式和实现路径与目标匹配性进行考评，确保每一个环节的相关性，这样，才能确保公益性劳动教育的设计具有针对性。保证评价客观、公正、全面实施的要件之一就是让评价主体多元化，把公益性劳动中的相关各方都发动起来参与评价过程，打破传统的教师为唯一评价主体的封闭式评价范式。建构一个由学生自评与互评、社区公益组织评价与教师评价共同组成的开放、互动的评价系统，自评与他评相结合，起到以评促学，引导学生总结与反思，提升学生公益性劳动素养的作用。

（三）过程与结果评价结合的原则

过程评价的作用就是防止公益性劳动在实施过程中偏离既定的目标和宗旨，如在学生参与活动时，可以通过回访服务对象了解大学生的劳动态度、劳动技能等，以便及时发现问题，并有针对性地对学生提出改进建议，以保证后期的实施过程指向目标

结果评价涉及的核心问题是劳动教育目标是否达成，结果导向是指在评价体系中，把劳动教育所预期的、必然建立在真实劳动过程基础上的结果作为检查验收的主要内容，并采取适当的评价形式进行考查。评价可以采用定性和定量的方法，全方位进行结果评价。只有做到过程可控，结果才能可控，才能保证劳动教育目标的实现。

二、公益性劳动教育的评价方法

按照劳动教育实践途径的不同，对公益性劳动教育的评价可以分为以下方法。

（一）公益劳动的考评方法

公益劳动应进行严格的考核并评定成绩。评价者包括指导老师、服务

对象、同学等,其中服务对象权重 60%、指导老师权重 35%、同学权重 5%;从出勤、团队协作、劳动态度、劳动成果、个人劳动总结等维度进行考核,考核权重:出勤 20%、团队协作 20%、劳动态度 20%、劳动成果 25%、个人劳动总结 15%。成绩分为优秀、良好、中等、及格和不及格 5 级。按评价者的评分权重计算最终得分,90 分以上为优秀,80 分以上为良好,75 分以上为中等,60 分以上为及格,60 分以下为不及格。

(二)公益课程的成绩评价

公益课程的成绩评价主要包括两个方面:课程评价和实践评价。课程评价以考试为主,也可以根据学生在课程学习过程的表现进行评价;实践评价多以公益实践接收单位或服务对象对学生表现的综合评价为主。比如,某大学"公益摄影"课程的评价方法,学生成绩由两方面评价组成:一是任课老师和助课老师对学生在课程各环节学习过程中的表现和学习情况的评价,占比 70%;其中任课老师成绩评定内容及所占比例:课堂表现 30%,服务实践 40%,课程总结与分享 30%。二是公益实践接收单位及服务对象对学生团队表现的评价,占比 30%。

(三)公益服务的评价方法

第二课堂主要以素质学分、课外学分等方式引导学生开展公益服务。如某大学《课外学分管理制度》规定,每 3 小时的公益服务时间可以兑换 1 个课外学分,最多 4 个学分。

学校志愿服务项目本质上是一种公益服务项目,一般通过项目式的活动来实施。社会志愿服务以志愿服务成效进行评价,其中,以志愿服务能力评价为主。志愿服务项目的评价指标体系分为四级:一级指标为志愿服务项目成效;二级指标为项目的适当性、效率、效果、满意度、社会影响和可持续性;三级、四级指标则为影响志愿服务项目成效的多重共线性因素。志愿服务能力的评价指标体系则包含服务经验、表达能力、沟通能力、专业素养、团队协作能力、思想政治素质六方面。

在实际应用中,无论是评价指标,还是评价标准,多以量化标准为主,量化主要指标之一即志愿服务时长。

三、公益性劳动教育的评价体系

为了有效推动公益性劳动教育发展,引领公益性劳动教育课程实施和劳动教育实践，必须建立公益性劳动教育评价体系，发挥其诊断、导向和激励作用。

（一）公益性劳动教育评价体系的构建原则

1．全面发展原则

劳动教育必须与德智体美并行发展，五育之间相互关联，不可分割，其中立德树人是教育的最终灵魂，是教育的根本任务，是其他四育的前提。劳动是其他方面的基础，以劳树德、以劳增智、以劳强体、以劳育美，对促进学生全面发展具有不可替代的作用。

2．动态发展原则

目前的职业教育评价体系多数以学生的学业成绩、活动积分等进行加权计算而得，这就导致评价只以结果来进行横向比较，忽略了学生的个体差异，无法有效推动学生的成长。更科学有效的方式是要重过程看发展，重增值看成长，重点关注个人的纵向比较。

3．凸显职业特性原则

劳动教育评价体系是劳动教育培养要求和职业能力需求二者之间有效衔接的桥梁，其评价体系的构建中的评价内容及指标需要充分考虑职业院校的职业特性。

（二）公益性劳动教育评价体系的构建过程

1．开展前期调研

随机抽取学生、代课教师、学生管理人员进行问卷调查，了解学生劳动教育现状及满意程度；查阅国内外关于劳动教育的相关文献并进行梳理；深入访谈院系团委负责人、实习实训企业、企业师傅、实习实训教师、创新创业团队。

2．评价内容搭建

综合分析调研结果和文献资料，初步进行体系轮廓设计。基于学生主体，包括定量定性两种方式，关键考查学生的劳动意识、劳动技能、劳动精神、技术服务和科技创新。

3. 评价体系论证

邀请高职教育、劳动教育及企业专家等,充分论证评价内容的合理性、有效性及推广意义。

4. 确定评价体系

根据专家建议,重新遴选评价指标,确定各指标的权重,得出最终评价体系内容。

5. 评价体系试用

构建的评价体系运用于学生的公益性劳动教育中,检验其有效性,并对不适合部分及时进行修正,最终构建了公益性劳动教育的评价体系。

(三)劳动教育评价体系的构建内容

公益性劳动教育体系的构建内容全部基于学生主体,目的是通过劳动教育,达到使每个学生爱劳动、会劳动、想劳动、效果好的综合性目标;要进行定量、定性分析,尽力做到客观真实且有效反映学生的劳动情况,既考虑大学生的共性特点,又契合职业教育的人才培养。

1. 评价类别

应顺应时代发展要求,将公益性劳动教育与专业发展相联系,将公益性劳动教育与就业方向相关联。既关注学生的共性又注意学生的个体差异,既关注学生的劳动意识又注意学生的劳动实践。充分开发公益性劳动教育资源,挖掘校内校外的有利资源,校内可以包含劳动课程、个人宿舍劳动、学校集体劳动等方面,校外要加强与企业及公益服务平台的合作,丰富学生社会实践和专业实习类型,鼓励学生进行创新。

基于以上考虑,将劳动评价类别分为公益性劳动教育课程、个人宿舍劳动、学校集体劳动、社会公益劳动、专业技术劳动和科研创新劳动六个方面,旨在全面覆盖劳动知识和劳动实践,同时兼顾显性劳动与隐性劳动。

评价体系包括劳动意识、劳动技能、劳动精神、技术服务、科技创新等五个层面,丰富了公益性劳动教育的内容,通过公益性劳动教育可以帮助学生养成良好的劳动习惯,提升其专业认同感和专业承诺度,确定将来的就业方向,明确公益性劳动教育对个人发展和社会发展的意义。结合公益性劳动教育课程、个人宿舍劳动、学校集体劳动、社会公益劳动、专业技术劳动和科研创新劳动六个评价类别的特点，继续进行细化、挖掘其中的劳动元素作为一级指标。考核中需完成所有公益性劳动教育中要求的次数、时间，有记录、有过程资料。五种劳动实践类型均需参加，其中，个人宿舍劳动、学校集体劳动、专业技术劳动为学生基础劳动，需要完成规定要求；社会公益劳动、科研创新劳动须完成学校二课活动要求，达到相应成绩、学分。社会公益劳动与科研创新劳动根据贡献成果大小可在评优评先中优先考虑。

2. 评价主体

传统的学校评价为了方便快捷，公益性劳动教育采用以教师为评价主体的单一评价，这样的做法势必会影响评价结果的客观性，无法对学生进行全面、准确的评价，往往得不到认可，也起不到促进公益性劳动教育发展的作用。评价体系应以教师、学生、专家、用人机构、劳动师傅等组成的多元化评价团队，共同评价能够兼顾不同关注点、公益性劳动教育全过程，弱化单个评价主体因素带来的评价不客观现象。在公益性劳动教育课程教学及个人宿舍劳动和学校集体劳动中一定要发挥学生的主体作用，保证学生主动参与劳动教学和劳动实践，让学生在劳动中反思，反思中劳动，从而提升学生的劳动素养和综合实践能力。而通过与用人机构、劳动师傅及公益活动主体的互动，学生可以不断提升自己的专业技能，优化自己的人际沟通模式。

3. 评价方式

评价方式包括知识度量、劳动度量、劳动自评互评、劳动成效、社会评价等多个维度，定性评价和定量评价相结合。当评价是为了评比和考核时，选用定量数据；当评价是为了指导和促进时，采用定性的描述。这样可以避免单一的方法所导致的问题与弊端，二者相互补充，从量和质两个方面把握被评价学生的公益性劳动教育成效的本质特征，在定量数据收集的基础上运用分析与综合、归纳和演绎的方法，使得评价建立在客观真实的基础上，有效反映学生的情况。

除此之外，要摒弃传统评价只看结果的做法，在了解学生公益性劳动教育基础值的前提下，一方面关注学生的劳动过程，侧重于过程的持续性评价，包括学习态度、学习参与度及知识技能内容；另一方面关注增值（过程值与基础值的差），承认学生的学习能力及成长背景的差异，纵向关注学生的发展和成长。过程值和增值所占比例依据任务难度设置。

　　总之，公益性劳动教育评价体系要以个人、学校、社会为评价主体，个人宿舍劳动、学校集体劳动、社会公益劳动、专业技术劳动、科研创新劳动为评价内容，劳动态度、劳动技能、劳动成效为评价指标，将过程和结果、定量和定性、自评和他评相结合。具有评价内容的科学化、评价指标的具体化、评价主体的多元化、评价方式的全程化，使得劳动认知得以提升，劳动习惯得以养成，劳动能力得以提高，劳动精神得以弘扬，劳动创新得到推动，有效推动公益性劳动教育的有效性。

参 考 文 献

[1] 朱文富，赵秦. 新时代高职院校劳动教育的意义、特征及策略[J]. 教育与职业，2022（05）：103-106.

[2] 俞金涵，王长海. 新时代高校加强劳动教育的意义及路径[J]. 佳木斯职业学院学报，2023，39（05）：115.

[3] 杨建义. 进一步增强大学生的劳动观念[J]. 福建理论学习，2022，226（06）：36.

[4] 樊琳，沙治邦. 人工智能时代下大学生劳动技能提升的路径研究[J]. 西部素质教育，2022，8（23）：78.

[5] 韩波. "以劳育人"的价值阐述与实践启示[J]. 人民论坛，2020(12)：108-109.

[6] 王莹. 新时代育人目标的丰富和拓展——从"德智体美"到"德智体美劳"的解读[J]. 学校党建与思想教育，2020（7）：52-55.

[7] 班建武. 劳动教育实践中的完整性、系统性与伦理性问题探讨[J]. 中小学管理，2022（4）：10-13.

[8] 裴文波，岳海洋，潘聪聪. 高校大学生劳动教育的多维透视[J]. 学校党建与思想教育，2019（4）：87-89.

[9] 王晨，杜霈霖. 关于大学生工匠精神培育的思考[J]. 黑龙江高教研究，2018（12）：60-63.

[10] 杨增崟，王阿慧. 新时代中学思政课有机融入劳动教育的思考[J]. 教学月刊·中学版（政治教学），2020（05）：6.

[11] 李丽. 论劳动精神的内涵、生成逻辑及其育人价值[J]. 贵阳学院学报（社会科学版），2021（04）：27.

[12] 郑娓娜. 新时代大学生劳动精神培育的价值意蕴及其实现路径[J]. 学校党建与思想教育，2019（09）：94-96.

[13] 李华婷. 新时代大学生劳动精神培育的理论逻辑、现实困境与实践路径[J]. 东华大学学报（社会科学版），2020（03）：285-289.

[14] 覃优军，曹银忠. 新时代大学生劳动精神培育的哲理溯源与路径探微[J]. 社科纵横，2020（05）：126.

[15] 陈苏谦. 培育新时代大学生劳动精神探析[J]. 扬州大学学报（高教研究版），2020（03）：79-83.

[16] 房金秋. 新时代高校大学生劳动观教育研究[J]. 大理大学学报，2019（07）：117-121.

[17] 刘佳. 从劳动模范到劳模精神：基于国家建设的视角[J]. 中国劳动关系学院学报，2019，33（5）：48-58.

[18] 刘鹏波. 弘扬劳模精神的现实契合[J]. 办公室业务，2022（12）：191-192.

[19] 顾志勇. 高校弘扬劳模精神的三重维度[J]. 学校党建与思想教育，2023（2）：75-77.

[20] 常晓媛. 论工匠精神与劳模精神[J]. 中国劳动关系学院学报，2019，33（1）：112-117.

[21] 王蓝青，余维祥. 劳模精神融入高校思政课教学探析[J]. 黄冈职业技术学院学报，2023，25（1）：37-40.

[22] 张志元，亓雅楠. 劳模精神融入高校劳动教育的路径探析[J]. 山东工会论坛，2023，29（1）：1-8.

[23] 张炳素. 用劳模精神做好劳模工作[J]. 天津市工会管理干部学院学报，2010，18（3）：17-19.

[24] 肖绍明. 劳动教育的文化研究[J]. 华东师范大学学报（教育科学版），2022，40（2）：17-28.

[25] 沈贵鹏. 关于公益教育的思考[J]. 基础教育，2014，11（2）：30-37.

[26] 张志红. 我国公益教育联动机制的构建[J]. 当代教育与文化，2013（6）：5-12.

[27] 刘小菁，贾华荣. 劳动教育体系的多维开发[J]. 中学政治教学参考，2023（2）：71-72.

[28] 杨英,李莹,谢爱琳.多学科视角下高校劳动教育的实现路径[J].黑龙江高教研究，2023，41（3）：143-148.

[29] 王燕. 对新时代劳动素养评价的几点思考[J]. 学校党建与思想教育，2023（2）：42-44.

[30] 王瑞瑶. 以校园文化建设推动大学生工匠精神培育研究[J]. 艺术科技，2022，35（10）：247-249.

[31] 时文龙. 涵养青年大学生工匠精神的价值、原则和路径探赜[J]. 成才之路，2023（7）：1-4.

[32] 祝佳佳. 浅析大学生工匠精神的内涵[J]. 现代交际，2019（8）：123-124.

[33] 张亚琼. 当代大学生工匠精神培育初探[J]. 山西青年，2019（10）：252，254.